# HUSSERL

COLEÇÃO
## FIGURAS DO SABER

dirigida por
Richard Zrehen

*Títulos publicados*

1. *Kierkegaard*, de Charles Le Blanc
2. *Nietzsche*, de Richard Beardsworth
3. *Deleuze*, de Alberto Gualandi
4. *Maimônides*, de Gérard Haddad
5. *Espinosa*, de André Scala
6. *Foucault*, de Pierre Billouet
7. *Darwin*, de Charles Lenay
8. *Wittgenstein*, de François Schmitz
9. *Kant*, de Denis Thouard
10. *Locke*, de Alexis Tadié
11. *D'Alembert*, de Michel Paty
12. *Hegel*, de Benoît Timmermans
13. *Lacan*, de Alain Vanier
14. *Flávio Josefo*, de Denis Lamour
15. *Averróis*, de Ali Benmakhlouf
16. *Husserl*, de Jean-Michel Salanskis

# HUSSERL
## JEAN-MICHEL SALANSKIS

Tradução
Carlos Alberto Ribeiro de Moura

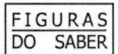

Título original francês: *Husserl*

© Societé d'Édition Les Belles Lettres, 1998

© Editora Estação Liberdade, 2006, para esta tradução

| | |
|---|---|
| *Preparação de originais e revisões* | Tulio Kawata |
| *Projeto gráfico* | Edilberto Fernando Verza |
| *Composição* | Nobuca Rachi |
| *Capa* | Natanael Longo de Oliveira |
| *Assistência editorial* | Graziela Costa Pinto |
| *Editor responsável* | Angel Bojadsen |

CIP-BRASIL. CATALOGAÇÃO-NA-FONTE
Sindicato Nacional dos Editores de Livros, RJ.

S153h

    Salanskis, J.-M. (Jean-Michel), 1951-
    Husserl / Jean-Michel Salanskis ; tradução Carlos Alberto Ribeiro de Moura. – São Paulo : Estação Liberdade, 2006
    128p. – (Figuras do saber ; 16)

    Tradução de: Husserl
    Contém cronologia
    Inclui bibliografia
    ISBN 85-7448-114-9

    1. Husserl, Edmund, 1859-1938. 2. Fenomenologia. 3. Filosofia alemã – Século XX. 4. Filosofia moderna – Século XX.
    I. Título. II. Série.

06-0183.                                                                                                       CDD 193
                                                                                                             CDU 1(43)

*Todos os direitos reservados à*

Editora Estação Liberdade Ltda.
Rua Dona Elisa, 116   01155-030   São Paulo-SP
Tel.: (11) 3661-2881   Fax: (11) 3825-4239
editora@estacaoliberdade.com.br
http://www.estacaoliberdade.com.br

# Sumário

Cronologia                                                    9

Introdução                                                   13

1. O fluxo                                                   17
   1. *Mundos e deslizamento*                                17
   2. *Propriedades gerais do fluxo*                         21
   3. *A alma temporal do fluxo*                             29

2. A restituição intencional                                 43
   1. *O projeto fenomenológico: a análise
      intencional como teoria dos sentidos*                  43
   2. *O motivo da intencionalidade*                         59
   3. *Uma olhada nas descrições da análise
      intencional*                                           67

3. Uma certa idéia da lógica... e da ética                   79
   1. *Uma lógica ilimitada*                                 81
   2. *Lógica, matemáticas e fundamentos*                    93
   3. *Ética e lógica*                                      101

4. Posteridades husserlianas                                107
   1. *Posteridade heideggeriana*                           107

2. Posteridade analítica 110
3. Posteridade cognitiva 113
4. Posteridade levinasiana? 118

Bibliografia 123

# Cronologia

1859     Nascimento de Edmund Gustav Albrecht Husserl em Prossnitz (Austro-Hungria), filho de Adolf Abraham Husserl e de Julie Selinger, abastados comerciantes judeus.

1870-76     Edmund Husserl faz seus estudos secundários no Deutsche Staatsgymnasium de Olmutz.

1876-77     Segue cursos de física, de matemáticas, de astronomia e de filosofia na Universidade de Leipzig.

1878-81     Continua seus estudos de filosofia na Universidade de Berlim e segue os cursos de matemáticas de Leopold Kronecker e Karl Weierstrass.

1879     Publicação da *Begriffschrift* de Frege.

1881-82     Em Viena, Husserl segue o ensino de Leo Königsberger e obtém um doutorado em filosofia no dia 29 de novembro de 1882, com uma dissertação intitulada *Contribuições à teoria do cálculo das variações*.

1883     Durante o semestre de verão, Husserl é assistente de Weierstrass em Berlim.

1883-84     Retorna a Viena para continuar seus estudos de filosofia com Franz Brentano, ao qual não tarda a se ligar.

1886     No dia 8 de abril, converte-se ao protestantismo e entra na Igreja Luterana Evangélica; ele recebe o batismo no dia 1º de agosto. Em outubro, por recomendação de Franz Brentano, é nomeado para a Universidade Halle-Wittenberg, junto a Carl Stumpf, onde obtém sua "Habilitação" com um *Estudo sobre o conceito de número*.

1887    Em 6 de agosto, casa-se com Malvina Steinschneider, uma professora judia que acaba de se converter ao luteranismo. Dela terá três filhos. Em 24 de outubro de 1887, dá sua aula inaugural na Universidade de Halle sobre *Os fins e as tarefas da metafísica*.

1887-94    Ensina na Universidade de Halle como professor universitário (*privatdozent*); em 1º de agosto de 1894, é nomeado professor doutor.

1888    Publicação de *Was sind und was sollen die Zahlen?* [O que são e o que devem ser os números?], de R. Dedekind.

1896    Publicação de *Matéria e memória*, de Bergson.

1897    Publicação de *Contribuição à fundação da teoria dos números transfinitos*, de G. Cantor.

1899    Publicação de *Grundlagen der Geometrie* [Fundamentos da geometria], de D. Hilbert, de *A interpretação dos sonhos*, de Freud e dos *Ensaios sobre os dados imediatos da consciência*, de Bergson.

1901    Em setembro, a faculdade de filosofia da Universidade de Göttingen nomeia Husserl *professor extraordinarius*; publicação das *Investigações lógicas*.

1905    Publicação das *Lições para uma fenomenologia da consciência interna do tempo*; Einstein publica sua *Teoria da relatividade restrita*.

1906    Em 28 de junho, Husserl recebe o título de professor titular.

1913 Publicação de *Idéias diretrizes para uma fenomenologia*.
1915 Einstein publica sua *Teoria da relatividade geral*.
1916 Em 1º de abril, Husserl é nomeado professor titular na Universidade de Freiburg im Breisgau, onde ele sucede Heinrich Rickert. Martin Heidegger torna-se seu assistente. Publicação do livro de Max Scheler, *O formalismo na ética*.
1918-19 Publicação das *Investigações lógicas*, de Frege.
1927 Publicação de *Ser e tempo*, de Heidegger.
1928 Em 23 de março, Husserl é nomeado professor honorário da Universidade de Berlim. Emmanuel Lévinas segue seu seminário e freqüenta sua casa. No final do ano, Husserl se aposenta.
1929 Husserl dá uma série de conferências em Paris, de onde sairão as *Meditações cartesianas*. Publicação de *Lógica formal e lógica transcendental*.
1933 Hitler é nomeado chanceler, os nazistas tomam o poder. Em março, Husserl é cortado uma primeira vez da lista dos professores, por causa de sua origem judaica, mas a medida é revogada: um de seus filhos havia morrido pela Alemanha durante a Primeira Guerra Mundial.
1934-39 Publicação de *Grundlagen der Mathematik* [Fundamentos da matemática], de D. Hilbert e P. Bernays.
1936 Husserl é definitivamente excluído da universidade pelos nazistas; publicação de *A crise das ciências européias e a fenomenologia transcendental*.
1938 Husserl morre em Freiburg im Breisgau, aos 79 anos de idade.

# Introdução

Com o novo século, em razão do hábito simbólico adquirido de se atribuir uma significação misteriosa à mudança decimal, somos levados a olhar para trás e a tentar colocar tudo em uma justa perspectiva. Trata-se, em particular, de fixar, ainda uma vez, antes de passar adiante, a importância comparada do que foi dito, feito, sofrido.

É assim que numerosas pessoas, ao que parece, começam a pensar que o "maior filósofo do século XX" foi Edmund Husserl. A necessidade dessa conclusão não é a do amor – falta muito para isso; ela se impõe antes como o "Victor Hugo, ai de mim!", por meio do qual André Gide concede que o rebelde de Quernesey é o maior poeta da língua francesa. A fenomenologia e a filosofia analítica dominaram a vida filosófica do século, Husserl é o pai da primeira e a segunda pode se relacionar a ele e se reencontrar nele de maneira fecunda. A obra de Husserl é imensa, nova, rica em análises e em invenções conceituais profundas e formadoras; ela é como uma mina ainda amplamente inexplorada. É o bastante para que mesmo aqueles, numerosos, que só vêem nele um personagem grisalho, um idealista ultrapassado pelo mundo e pela história e um escritor maçante, aceitem celebrá-lo, renunciando à luta após longa resistência.

A meta deste pequeno livro, para além da simples exposição correta dos principais gestos e idéias da filosofia husserliana, seria a de dar um conteúdo de paixão a essa incontornável celebração. A de mostrar o que há de louco, de grande, de literário, de matemático, enfim de emocionante e de vertiginoso, nessa construção monumental.

Mas a filosofia de Husserl é de tal forma uma elaboração conceitual que toda exposição, por mais livre e aberta que queira ser, necessariamente esposa a estrutura e a linguagem do texto husserliano. Disso resulta que o projeto de iluminar a bela loucura de Husserl só pode se efetivar de maneira em parte secreta. Primeiramente, aqui tentamos mostrar o seu pensamento, *em sua dificuldade*, como uma coisa alegre, como uma coisa tendo em si mesma seu valor. Além disso esforçamo-nos, de quando em quando, em fazer sentir a quais outras formas da desmedida ou da fragilidade humana esse pensamento se liga, em sua extrema originalidade. Mas evitamos ir muito longe tanto na evocação do propósito husserliano quanto na encenação pessoal, temendo a sobrecarga tão rápida e facilmente alcançada nessas matérias.

Uma palavra ainda para retornar ao início deste capítulo, inspirado pelo *pathos* da mudança de século. Acreditamos que Husserl não acabou, não somente porque a *Husserliana* está sempre em curso de constituição[1], não somente porque se esboça recentemente uma tendência ao "retorno a Husserl". Husserl é um porvir da (nossa) filosofia simplesmente porque ele é uma injunção ao e um material de *trabalho*. Seria absurdo não ver a grandeza das contribuições filosóficas de Wittgenstein, Heidegger

---

1. Husserl deixou milhares de páginas de inéditos, particularmente fragmentos de livros inacabados e textos de pesquisa. Por iniciativa do padre H. L. Van Breda, os Arquivos Husserl de Lovaina ocupam-se em reunir esses manuscritos em uma série de volumes batizada *Husserliana*, que no final deve incorporar a totalidade da obra.

– até mesmo de Quine, Kripke ou Gadamer –, que igualmente poderíamos nomear como últimas cintilações do século.[2] Todavia, nenhum desses autores, ao que nos parece, lega à filosofia uma demanda de trabalho comparável. No esforço muito particular que exige a assimilação de um pensamento vasto e sistemático como o de Husserl, realiza-se parcialmente um ideal da escola filosófica em torno do qual, por excelência, a filosofia pode confortar sua ambição: a partir do qual, encontrando uma identidade não alienante e não mutilante, ela pode desempenhar sua sedução em direção ao mundo, iluminando suas mutações e seus labirintos.

---

2. Sem contar outros, que nossa ignorância nos condena a não perceber, sem nenhuma dúvida.

# 1
# O fluxo

## 1. Mundos e deslizamento

Pode parecer estranho começar a introdução a um autor reputado difícil, até mesmo ilegível, mergulhando no coração de seu discurso por meio de uma citação. Todavia é isso que iremos fazer, na esperança de embarcar nosso leitor no rio husserliano, de fazê-lo partilhar imediatamente a sua *experiência originária*. Em substância, seria esta:

> A cada instante me descubro ser alguém que percebe, se representa, pensa, sente, deseja, etc.; e através disso me descubro ter, *a maior parte do tempo*, uma relação *atual* com a realidade que constantemente me rodeia. Digo a maior parte do tempo porque essa relação não é sempre atual; cada *Cogito*, no seio do qual eu vivo, não tem por *Cogitatum* coisas, homens, objetos quaisquer ou estados de coisas pertencentes à minha circunvizinhança. Eu posso, por exemplo, ocupar-me dos números puros e das leis desses números; nada disso está presente em minha circunvizinhança, entendamos, neste mundo da "realidade natural". O mundo dos números, ele também, está aí para mim; ele constitui precisamente o campo de objetos onde se exerce a atividade do aritmético; durante

essa atividade, alguns números ou construções numéricas estarão no foco de meu olhar, envoltos por um horizonte aritmético parcialmente determinado, parcialmente indeterminado; [...]. *O mundo aritmético só está aí para mim quando assumo a atitude do aritmético, e durante o tempo em que eu a conservo;* ao passo que *o mundo natural*, o mundo no sentido comum da palavra, para mim está constantemente aí, durante todo o tempo em que estou engajado na vida natural.

Assim, é instalada uma situação com vários mundos. Husserl prossegue, descrevendo nossa maneira de passar de um ao outro:

> Durante o tempo em que é assim, eu estou "na *atitude natural*" [*natürlich eingestellt*]; e até mesmo as duas expressões têm exatamente o mesmo sentido. Não é preciso de forma alguma que essa presença natural do mundo seja alterada quando faço meu o mundo aritmético ou outros "mundos", adotando suas correspondentes atitudes. O mundo atual *permanece ainda "presente"* [*vorhandene*]; depois, como antes, permaneço engajado na atitude natural, *sem ser perturbado pelas novas atitudes*. Se meu *Cogito* move-se unicamente nos diversos mundos correspondentes a essas novas atitudes, o mundo natural não entra em consideração, ele permanece no fundo de meu ato de consciência, mas não forma *um horizonte no centro do qual viria incluir-se um mundo aritmético*. Os dois mundos simultaneamente presentes não mantêm entre si *nenhuma relação*, se fizermos abstração de sua relação com o eu, em virtude da qual eu posso livremente dirigir meu olhar e meus atos ao coração de um ou do outro.[1]

---

1. E. Husserl, 1913, *Idées directrices pour une phénoménologie* (*Ideen I* na seqüência), trad. franc. Paul Ricœur, Paris, Gallimard, 1950, p. 92-3.

Portanto, segundo Husserl, estamos *entre* mundos destituídos de qualquer relação uns com os outros. Certamente existe um que é privilegiado, o "mundo da atitude natural", que está, por assim dizer, constantemente subjacente ou disponível, mas isso não quer dizer que todos os mundos sejam submundos deste nem que nossa "atividade", nosso engajamento, lhe sejam dedicados de uma vez por todas, encontrando ali seu elo e seus eixos. Flutuamos de um mundo a outro, somos essencialmente e antes de tudo esse *mover*, esse deslizamento que vai nos projetar nas coordenadas, diante dos horizontes de um mundo. Além disso, nossa flutuação também é uma intermitência; se os mundos piscam, basculam, comparecem um após o outro, é também porque nossa relação com um ou outro se atualiza ou se torna virtual, nós nos acendemos para um mundo ou dele nos evadimos, por uma espécie de interrupção elétrica.

Mas, se podemos flutuar assim, encontrar a entrada e a saída dos mundos, nos acender e nos apagar, é porque somos um lugar, um campo, é porque há um território de nossas aventuras, de nossas veleidades, de nossos deslizamentos. Uma imanência na qual estamos constantemente perdidos. Durante toda a sua vida, Husserl chamou esse lugar de imanência de *fluxo heraclitiano dos vividos*.[2] É nele que pensávamos ao propor embarcar o leitor no "rio husserliano". A princípio, se Husserl tem razão em querer reconduzir tudo a esse rio, ele não deveria precisar embarcar ali por uma escolha hesitante e contingente, como se se tratasse de tomar o avião para Nova Iorque: antes disso, ele deveria reconhecer que esse é o seu rio, que ele ali nadou desde sempre. A experiência originária da flutuação entre os mundos, onde se revela um espaço

---

2: "Não se pode entrar duas vezes no mesmo rio", cf. J. Bollack e H. Wismann, *Héraclite ou la séparation*, Paris, Minuit, fragmento 91, p. 268.

interno a partir do qual toda coisa ou toda possibilidade se esboça, aquela que a citação narrava, não é incrivelmente a nossa, Husserl não é tão convincente quanto Proust?

O que pode nos impedir de segui-lo é o apego a outro ponto de vista, sem dúvida igualmente "sedutor", segundo o qual somos antes de tudo e fundamentalmente os filhos de nosso mundo: de alguma maneira estamos ali presos, nele nós nos realizamos, o desafiamos e dialogamos com ele, e é isso a nossa existência de homens. Antes de tudo, tal seria a situação humana de base ao gosto de Hegel, de Marx, de Heidegger ou de Merleau-Ponty, por exemplo.

O que também pode dissuadir de reconhecer-se na flutuação separada de Husserl é uma reserva prudente, até mesmo um pavor diante da atmosfera de esquizoidia sonhadora na qual ele nos lança. Husserl nos conduz longe do senso comum, para submeter-nos a loucas experiências de pensamento, como um inspirado romancista de ficção científica. Na primeira parte de nossa passagem, existe, por exemplo, esta formulação que pode parecer insensata: "durante todo o tempo em que estou engajado na vida natural". Qual alternativa eu tenho? Como posso fazer esse engajamento passar ao condicional, mais simplesmente, como posso batizá-lo de *engajamento*, como se se tratasse de vestir o uniforme? Certamente, toda a fenomenologia husserliana explica e torna plausível essa linguagem – particularmente, aliás, a passagem citada –, mas, a nosso ver, não se poderia negar sua estranheza inicial.

Todavia, é preciso aceitar tais formulações, é preciso jogar o jogo dessa esquizoidia. É preciso deixar-se exilar nesse lugar utópico da imanência, do fluxo heraclitiano dos vividos, a partir do qual Husserl pretende tudo reconstruir, quer dizer, no fundo, tudo re-sonhar. É a esse preço que receberemos o benefício dessa formação, dessa exigência, próprias para tornar aguda nossa inteligência e multiplicar nossa compreensão de nossos mundos, que a obra e o pensamento de Husserl nos oferecem.

## 2. Propriedades gerais do fluxo

O fluxo é fluxo dos vividos. Aquilo em que nós deslizamos, suscetíveis de comutar de mundo a mundo, é a onda de nossos vividos. Husserl está na origem de um emprego invasor do particípio substantivado *vivido*: sem dúvida, ele tem uma parte de responsabilidade no tardio e grotesco "isso me interpela no nível do vivido". O vivido, *Erlebnis* em alemão, é aquilo de que se tece a nossa consciência enquanto nela escoa uma vida. O que Husserl evoca falando de *vividos* e de *fluxo de vividos* não é simplesmente o fato de que temos um teatro íntimo, representações, pensamentos; é o fato de que uma vida primordial da consciência não cessa de se manifestar por vividos atados uns aos outros em um fluxo.

Desde as *Investigações lógicas*, Husserl distingue três sentidos da palavra consciência: o primeiro, segundo o qual a consciência é o "tecido dos vividos psíquicos na unidade do fluxo dos vividos"[3]; o segundo, pelo qual ela é percepção interna; o terceiro, segundo o qual ela é o nome genérico de nossos atos psíquicos. Essas três significações são, no final, coordenadas, tornadas solidárias na filosofia de Husserl, mas é importante que originariamente ele tenha dado a prevalência à primeira. Disso resulta que sua noção de fluxo dos vividos é primeiramente impessoal e coletiva, ela visa à riqueza fluente do viver da consciência,

---

3. E. Husserl, 1901, *Recherches logiques*, tomo 2, *Recherches pour la phénoménologie et la théorie de la connaissance*, 2ª parte, trad. franc. H. Elie, A. L. Kelkel e R. Schérer, Paris, PUF, 1961, p. 145.

antes da relação de si a si do pensamento ou da orientação deste em direção a um mundo ou a resultados.

Portanto, o fluxo é uma entidade coletiva, existem múltiplos vividos reunidos no fluxo. Ele é um *tecido*, e isso significa que os vividos mantêm entre si relações não indiferentes, características do fluxo. A designação *o fluxo*, com o artigo definido, evoca o coletivo dos vividos em sua *totalidade*: Husserl nunca cessará de julgar que o tema da fenomenologia, seu centro de interesse e campo de investigação, é o fluxo em sua totalidade.

Todavia, *a priori* existe um problema para se "construir" essa totalidade do fluxo, para colocá-la sob a mão ou sob o pensamento. É claro que nosso modo de acesso privilegiado ao fluxo é a *reflexão*, este ter em vista no depois do viver de nossa consciência, do qual temos a faculdade. Na terceira seção de sua obra-mestra *Ideen I*, discutindo as objeções do psicólogo H. J. Watt contra a fenomenologia, Husserl argumenta, em essência, que a reflexão está acima de qualquer suspeita como modo de acesso aos vividos e aos seus arranjos *porque é dela que originariamente temos o domínio do fluxo dos vividos*, ela é o intermediário canônico que suscita o campo, e não um "introscópio" entre outros.[4] Mas a reflexão só nos dá a cada vez uma pequena porção do campo, um pedaço do escoamento do fluxo. Segundo uma metáfora constantemente empregada por Husserl, por princípio o "projetor" reflexivo só pode revelar-nos uma parte do fluxo, privilegiada para um "observador" ideal identificado à radiação do projetor, que termina por chamar-se *ego transcendental*. No estágio das *Investigações lógicas*, Husserl não quer conceber o fluxo dos vividos como dominado por um ego – um *Ich Prinzip*, diz ele – e descreve então a síntese da totalidade do fluxo como se operando por

---
4. E. Husserl, *Ideen I*, op. cit., § 79, p. 258-69.

proximidade, segundo dois princípios de extensão: por um lado, ligar a toda parte do fluxo as partes que lhe estão coladas, que aderem a ela no escoamento, quer dizer, a vizinhança temporal da parte considerada; por outro, cada vez que se "incluiu" no fluxo um coletivo de vividos, autorizar-se a considerar cada parte desse coletivo como sendo igualmente um membro do fluxo; assim, pertence ao fluxo dos vividos tudo o que pode ser extraído dele como uma parte, no sentido amplo da palavra[5], o que significará dizer também toda a estrutura do fluxo, todas as suas formas. Esses dois princípios de extensão, podemos senti-lo, prometem uma proliferação ao infinito do fluxo: o que ele será suposto conter, em vista dessas duas regras de acolhimento, ultrapassará os limites de nossa representação.

De fato, Husserl invoca uma das mais antigas tradições do pensamento científico e filosófico para de um só golpe nomear essa riqueza ilimitada, excessiva do fluxo: diz – constantemente – que o fluxo dos vividos é *contínuo*, que ele é um fluxo contínuo, que a multiplicidade substrato e depósito do viver em seu escoamento deve ser encarada pela fenomenologia como um contínuo.

No contexto, que significa a palavra *contínuo*? Em essência, ela tem todas as grandes significações teóricas presentes na época de Husserl e que podem ser importantes.

Certamente, o contínuo do fluxo dos vividos é um contínuo aristotélico: algo que é uma virtualidade incluindo em si toda multiplicidade concebível, e recusando resolver-se na agregação de atualidades pontuais ou no arranjo das partes atuais. Com efeito, os pontos e partes são apenas virtuais, somente marcações possíveis no contínuo e não seus constituintes isoláveis e autênticos.

---

5. A significação ampla da palavra *parte* será esclarecida no capítulo 3 deste livro.

O contínuo é "não compositivo", segundo a expressão freqüentemente empregada para exprimir essa propriedade "aristotélica". O contínuo também é um elemento no qual as partes contíguas fundem-se em sua borda, outro aspecto da definição aristotélica que reencontramos em Husserl e que corresponde bem a nossa intuição do espaço. Em qualquer caso, o contínuo é *substantivo*, é o nome de um elemento, de um receptáculo, de uma quase-multiplicidade, não vale como qualidade, modalidade ou aspecto.

Além disso, para Husserl, o contínuo do fluxo dos vividos certamente também é algo que se assemelha ao contínuo matemático. Com efeito, ocorre que Husserl é um contemporâneo da aventura da concepção e codificação do modelo do contínuo que se tornou dominante na matemática do século XX, do objeto formal **R** (o conjunto dos números *reais*).[6] Dedekind e Cantor, seus principais pais, escreveram e trabalharam enquanto ele fazia seu serviço militar, e, em seu curso universitário, Husserl foi inicialmente aluno de Weierstrass, outro grande nome dessa época e dessa pesquisa. Portanto, o contínuo matemático lhe era familiar e ele era receptivo ao enigma filosófico que o contínuo sempre encerrou para a matemática. E também à potência de descrição e de reconstrução que o contínuo matemático conferia à matemática e à física, desde Leibniz e Newton: o conjunto dos números reais evocado há pouco se mostrava adequado para a reformulação da geometria clássica, já prolongada na geometria diferencial, e por meio desse uso geométrico ele se revelava o instrumento por excelência da teorização

---

6. Esse conjunto de números contém os números inteiros, as frações, os números irracionais algébricos do gênero $\sqrt{2}$ e os números irracionais ditos "transcendentes" do tipo $\pi$: essencialmente, o que é preciso para codificar numericamente os pontos que a intuição espera em uma reta geométrica.

físico-matemática do mundo. Assim, não é surpreendente que a descrição husserliana do contínuo do fluxo dos vividos freqüentemente se guie pelo conhecimento que seu autor tinha do contínuo linear da matemática. De qualquer forma, esse parentesco com o contínuo matemático sugere novamente que o fluxo é, para a fenomenologia husserliana, um infinito que a ultrapassa, um excesso que ela não poderia reabsorver, uma proliferação inconcebível: não é nada duvidoso que o contínuo matemático seja tudo isso para a matemática.[7]

A tal ponto que, muito logicamente, Husserl chega à conclusão de que a possibilidade de uma ciência desse objeto excessivo é duvidosa. Ao final da segunda meditação cartesiana, nesse curto compêndio saído de conferências dadas em Paris no ano de 1929, que aparentemente é o mais acessível dos textos em que Husserl apresenta a fenomenologia e suas análises, ele escreve isto:

> A possibilidade de uma fenomenologia da consciência pura parece *a priori* muito duvidosa. Os fenômenos da consciência não pertencem ao domínio do *fluxo heraclitiano*? Com efeito, seria vão querer proceder aqui por um método de formação de conceitos e de juízos análogo àquele que é usual nas ciências objetivas. Seria loucura querer definir um estado de consciência como um objeto idêntico e para tanto fundar-se na experiência, assim como para um objeto da natureza, portanto, no fundo, com a presunção ideal de poder explicá-lo reduzindo-o a elementos idênticos, apreensíveis por conceitos fixos. Não é em virtude de uma imperfeição inerente à nossa faculdade de conhecer que os estados de consciência não têm relações e elementos últimos que sejam suscetíveis de

---

7. Cf. o que fala sobre o assunto J.-M. Salanskis, em *L'Herméneutique formelle*, Paris, Éditions du CNRS, 1991.

uma definição fixa por conceitos; é *a priori* que isso lhes falta, e a tarefa de definir tais elementos de modo aproximado por conceitos fixos não poderia racionalmente se colocar. A idéia de uma análise intencional não deixa de subsistir como legítima. Pois o fluxo da síntese intencional, síntese que, em toda consciência, cria a unidade e constitui noemática e noeticamente a unidade do sentido objetivo, é o reino *de estruturas típicas, suscetíveis de ser circunscritas por conceitos rigorosos*.[8]

A linguagem utilizada, ao menos no final da passagem, deve ser opaca para nós no ponto em que estamos, visto que alude às estruturas noético-noemáticas, das quais ainda não se tratou aqui. Mas o corpo da citação formula com uma rara clareza a idéia importante de que um conhecimento do contínuo parece por princípio impossível. Com efeito, conhecer é, ao que parece, nomear, distinguir, comparar, descrever com conceitos que sintetizam. Conhecer as plantas é saber identificá-las individualmente e fazer sobre elas juízos que as ligam às espécies que lhes convêm; conhecer a linguagem é encontrar as unidades de base – fonemas ou começos lexicais, por exemplo – em cujos termos se pode descrever a formação das unidades mais complexas da língua, avaliando, segundo todas as categorias adotadas, os objetos de diversos níveis assim levados em consideração. Mas como poderíamos conhecer, nesse sentido, se não se apresenta nenhum constituinte primitivo elementar sobre o qual o discurso de conhecimento possa apoiar-se para elaborar sua rede conceitual-classificatória?

Podemos extrair dois ensinamentos, um positivo e outro negativo, da resposta dada por Husserl.

---

8. Cf. E. Husserl, 1929, *Méditations cartésiennes*, trad. francesa Gabrielle Peiffer e Emmanuel Lévinas, Paris, Vrin, 1969, p. 42-3.

De início, positivamente, Husserl responde que o próprio fluxo dos vividos nos tira do mau caminho onde seu contínuo originalmente nos colocou. Com efeito, existe nesse fluxo, operando nele, um "fluxo da síntese intencional", que constitui unidades adaptadas ao conhecimento conceitual e descritivo ao qual a fenomenologia aspira legitimamente, como toda atividade teórica. Portanto, a fenomenologia será a descrição racional completa do fluxo, por meio da consideração das unidades que emergem desse fluxo segundo a síntese intencional, e ela tornará evidente o arranjo estrutural dessas unidades. Vemos então imediatamente a importância, para a fenomenologia, disto que Husserl chama de *análise intencional*: consagraremos a isso o próximo capítulo. Também adivinhamos que, da mesma maneira, será preciso que a fenomenologia nos explique um pouco melhor como ocorre o milagre da liberação, pelo processo intencional imanente, dessas unidades apreensíveis.

A segunda observação é negativa porque ela versa sobre aquilo que a resposta de Husserl não é, sobre a possibilidade da qual ela se esquiva. Tendo a experiência matemática, Husserl teria podido imaginar que a fenomenologia fosse um conhecimento do contínuo do fluxo dos vividos *da mesma maneira* que a geometria é um conhecimento do contínuo do espaço ou a análise matemática um conhecimento do contínuo dos números reais. A questão de princípio posta por Husserl, aquela da impossibilidade de uma determinação teórica descritiva do contínuo coloca-se, colocou-se, nesses outros campos, e de fato a dificuldade foi contornada de várias maneiras (geralmente por um passo imaginoso e voluntarista, proporcionando ao saber, apesar de tudo, elementos para reunir, sobre os quais operar, mesmo se a experiência não os fornece). Husserl nem mesmo pensa em responder dessa maneira e, na verdade, trata esse ponto profundamente em *Ideen I*, onde afirma com força que a fenomenologia não pode ser uma "geometria dos vividos". Sobre esse tema ele apresenta argumentos que não queremos retomar aqui. Todavia, acreditamos que se pode formular a hipótese de que o que mais conta – dito ou não dito – é a diferença trazida pelo adjetivo *heraclitiano*: diferentemente do contínuo espacial ou do contínuo dos números reais, que é antes de tudo uma réplica teórica daquele, o contínuo dos vividos é um fluxo heraclitiano, quer dizer, ele é o contínuo de um escoamento que nunca retorna a si, vítima de uma dissipação irreversível. O aforismo de Heráclito segundo o qual nunca nos banhamos duas vezes no mesmo rio conta muito na visão fundamental que Husserl tem de seu fluxo dos vividos. Portanto, que o elemento do fluxo dos vividos seja constitutivamente fugidio torna a apreensão teórica de seu contínuo de alguma maneira ainda mais impossível que aquela do contínuo geométrico ou do contínuo numérico: podemos pelo menos imaginar o conjunto dos números reais – à semelhança daquele dos pontos de uma reta – como fazendo frente ao pensamento, seus elementos sendo simultaneamente atuais diante do espírito que se interessa por eles.

Qualquer que seja a justeza dessa hipótese, meçamos bem a importância do tema da irreversibilidade heraclitiana do fluxo: assim como o fluxo dos vividos é aquilo de que Husserl fala no decorrer de toda a sua vida e de sua obra, à diferença de outros temas de seu pensamento – como o *ego* ou o *mundo da vida* –, da mesma maneira ele não deixa nunca de fazer-nos ver a dissipação irremediável da alma enquanto fluxo dos vividos. *Krisis*, seu último escrito, contém ainda um parágrafo onde Husserl descreve longa e fortemente o infinito desdobramento infinitamente ramificado da alma – que é um desdobramento do tempo no qual e segundo o qual todo o seu "conteúdo" se manifesta e se sintetiza – e se refere explicitamente àquilo que ele chama então de "o Efésio"⁹, para dizer que esse desdobramento é sem limite, seu "fundo" está fora de alcance: esse caráter insondável não é outra coisa que a fluência da alma, esta só é infinitamente densa enquanto se perde e desaparece escoando.

## 3. A alma temporal do fluxo

Mas insistir assim na dimensão heraclitiana do fluxo nos conduz àquilo que para Husserl é a principal maneira de descrever o fluxo em si mesmo: sua teoria da temporalidade.

Em muitos aspectos, e como certas passagens o dizem nos seus próprios termos, para Husserl o tempo é o fluxo e o fluxo é o tempo. Ou então, como iremos vê-lo, o tempo é o modo pelo qual o fluxo primitivamente aparece a si mesmo. Essas idéias são formuladas principalmente em uma pequena obra escrita por Husserl muito cedo em sua carreira, as *Lições para uma fenomenologia da consciência interna do tempo*, de 1905: a seguir ele não apresentou verdadeiramente uma nova concepção e, cada vez que evoca as estruturas temporais em seus escritos posteriores, quase não faz outra coisa além de resumir as análises do livro de 1905. Dada a extrema importância dessas análises, vamos expô-las agora no essencial. Tratando do tempo, Husserl tem, por assim dizer, dois objetivos:

1) Por um lado, dar conta do caráter temporal da experiência para nós; compreender como emerge para nós um sentido temporal dos conteúdos de nossa experiência, como coisas temporalmente distendidas começam a valer em nós e para nós, durações imanentes, como

---

9. Cf. E. Husserl, 1935-36, *La crise des sciences européennes et la phénoménologie transcendantale*, trad. franc. Gérard Granel, Paris, 1962, PUF, § 49, p. 190-4.

os "caracteres" expressos pelas palavras *presente, futuro, passado* adquirem sua significação;

2) Compreender também como, a partir do primeiro surgimento da significação temporal da experiência, chegamos à noção, familiar ao senso comum e à ciência, de um tempo objetivo único, onienglobante, onde se situa todo acontecimento e onde toda realidade dura.

Estes dois objetivos são os de uma investigação transcendental, quer dizer, de uma investigação sobre as *condições de possibilidade* do discurso e do conhecimento, sejam aqueles do senso comum ou da ciência. Todavia, no momento em que trata assim da consciência interna do tempo, essa intenção de seu pensamento ainda não se revelou a Husserl com certeza e clareza. Trata-se para ele, digamos, de *resgatar o fluxo* e de explicitar nossa relação originária com o tempo, com a temporalidade daquilo que experimentamos, para em seguida retraçar o caminho que conduz deste originário ao uso racional corrente do tempo. Assim, o originário resgatado funciona sem dúvida como uma condição de possibilidade, como um elemento de fundação em relação ao jogo cognitivo-teórico comum do tempo. Mas, para o que nos diz respeito aqui, não precisamos compreender até o fim este passo transcendental como tal: no momento, o que nos interessa é sobretudo a idéia que Husserl promove do tempo e do fluxo enquanto temporal, independentemente da função dessa idéia em uma reconstrução dos saberes.

Para isso, notemos imediatamente que Husserl identifica a experiência mais primitiva do tempo naquilo que ele chama de *retenção*. A retenção é o que nós fazemos ou o que nos acontece quando, logo após se ter desenrolado em nós a recepção de um processo temporal, por exemplo, logo depois da audição de uma melodia, "retemos" ainda esse fato temporal mesmo quando seu limite já foi transgredido. Permanecemos atrás do limite após tê-lo transposto, ainda aderimos ao som, ao instante terminado, ao "recém-passado". Ao que parece, a presença do radical *ter* na palavra *retenção* tem um duplo sentido: por um lado, a retenção nos liga ao recém-passado, nos faz *tê*-lo; por outro lado, na retenção *mantemos* a identidade da recepção terminada da melodia como tal, de alguma maneira unificamos e sintetizamos nosso próprio vivido.

Em um contínuo linear[10], sendo fixado um ponto, não se pode definir o predecessor imediato do ponto segundo a ordem desse contínuo linear. Particularmente, para um presente da "consciência impressional" (segundo as palavras de Husserl) não existe instante imediatamente anterior: se dizemos que a retenção retém *o* recém-passado, e se damos crédito ao artigo definido como se ele permitisse identificar um instante, exprimimo-nos de maneira inconseqüente. Todavia, é exatamente assim que Husserl parece formular as coisas. Compreenderemos melhor sua concepção um pouco mais adiante.

Em todo caso, uma coisa deve ser imediatamente sublinhada: para Husserl, a retenção é aquilo pelo qual o tempo nos é dado. Não *todo* o tempo, mas o elemento fundamental de nossa "disposição" temporal ou temporalizante. Certamente, se examinamos as diversas exposições, inclusive aquela das *Lições*..., teremos a impressão de que de direito, para Husserl, a função simétrica da *protensão* – a expectativa do futuro próximo – desempenha o mesmo papel que a retenção. Em nossa opinião, não se deve crer no que Husserl diz sobre isso: tudo prova que sua visão fenomenológica do tempo foi construída sobre

---

10. Designamos aqui com esse nome – como Husserl, aliás – um contínuo unidimensional, do qual a reta geométrica fornece a ilustração mais familiar ao senso comum, mas do qual o conjunto **R** é o exemplo prototípico para o matemático: para este último, no final das contas, **R** substitui a reta geométrica e é batizado de *reta real*.

a retenção e não sobre a protensão, tanto o famoso diagrama das retenções, ao qual chegaremos, quanto a ordem e o acento de suas diversas exposições.

Vamos então ao diagrama.[11] Por seu meio, Husserl nos desvela a *estrutura fenomenológica do tempo*, quer dizer, a lei de equilíbrio e de arranjo dos vividos, segundo a qual regularmente o tempo tem lugar para nós, nosso viver manifesta-se para nós como temporal. O que Husserl percebe e descreve é que para nós o escoamento de uma duração não se limita ao escoamento dos instantes dessa duração. Há também um escoamento daquilo que ele chama de "modos de escoamento da duração": com esta expressão ele designa o modo pelo qual o conjunto já terminado da duração em curso é posto em perspectiva por nós como passado segundo a retenção. Se um processo temporal, tipicamente a percepção de um objeto temporal como uma melodia, começa para mim em um instante O e estou no instante P dessa duração, nesse instante eu "vejo" a duração parcial OP como terminada. Vejo-a exatamente por meio do modo de "empurrão" que é a retenção: cada instante dessa duração está como que afetado pelo peso de retenção através do qual eu o alcanço, peso que, no final das contas, o *empurra*, já que ele é o peso de um *reter* (este é um dos paradoxos da constituição fenomenológica do tempo). Um instante "próximo" é simplesmente retido, um instante mais distanciado é alcançado como retido em um recém-passado, ele mesmo retido. Husserl reencontra aqui a dificuldade do *contínuo* e acomoda-se a ela usando formulações contraditórias ou impossíveis, oximoros significativos: apresenta essa acumulação consigo, essa potencialização da retenção ao longo da duração terminada, como um "contínuo retencional", ou então

---

11. Cf. E. Husserl, 1905, *Leçons pour une phénoménologie de la conscience intime du temps*, trad. franc. Henri Dussort, Paris, PUF, § 10, p. 41-3.

fala de "iteração contínua" da retenção, como se um ato pudesse tecer um contínuo ou encadear-se consigo em uma trama contínua, como se a noção de ato transitivo incluída no termo *retenção* não implicasse algo que retém e um retido, ou seja, o estabelecimento de uma distinção *discreta* que não convém ao fluxo. De fato, em Husserl, a retenção funciona como um operador infinitesimal. Ela contribui para a síntese de uma pequena duração imanente, assim como o intervalo infinitesimal [x,x+dx] contribui para a síntese (aditiva, no caso) de um intervalo [a,b], segundo o ponto de vista leibniziano das origens do cálculo diferencial.[12] É preciso aceitar a idéia deste "ato" fundamental da retenção como a idéia paradoxal de um gesto visando a um instante infinitamente próximo e possuindo, a este título, a "potência" do contínuo temporal.

Para voltar ao diagrama, a visão de Husserl é portanto a seguinte: a cada instante P da duração que atravesso, tenho uma relação com o conjunto da duração parcial terminada como empurrada no passado segundo a retenção. O que Husserl esquematiza como se segue:

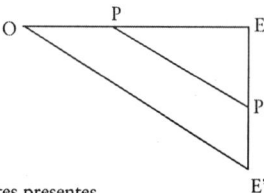

OE é a série dos instantes presentes.
OE' é a descida na profundidade.
EE' é o contínuo das fases (o instante presente com seu horizonte de passado).

---

12. Essencialmente, esse ponto de vista consiste em prolongar ao infinito, pelo pensamento, o corte de um segmento em um número finito de subsegmentos iguais, conforme ao esquema seguinte:

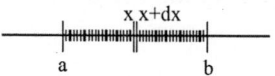

O segmento EE' sob E é o modo de escoamento em E, ponto final da duração simbolizada: ele representa a duração OE enquanto empurrada no passado, posta em perspectiva segundo as retenções. Sob cada ponto de OE, é preciso imaginar um segmento vertical representando o modo de escoamento que lhe corresponde. A colocação em perspectiva dos pedaços de duração enquanto terminados não é uma reprodução fiel, mas uma distorção que retém-empurra o que se escoou: assim, não é embaraçoso, mas antes normal, que o segmento EE' não tenha o mesmo comprimento que o segmento OE. Se, todavia, essa relação de distorção, que é sempre a mesma, for simbolizada por uma relação constante de comprimentos, então o segmento OE' representa o ponto originário O da duração na seqüência de seus estados perspectivos no curso do escoamento, quer dizer, em suma, "visto" a partir dos instantes sucessivos da duração como cada vez mais empurrado. É isso que Husserl exprime dizendo que OE' figura a "descida na profundidade". Portanto, o tempo é primeiramente um arranjo contínuo *bidimensional*, e não unidimensional como o dizem a ciência e o senso comum. Para Husserl, essa forma bidimensional e triangular do diagrama das retenções é a forma de nosso *campo temporal originário*, quer dizer, de alguma maneira do mundo temporal que nos acolhe, onde nos situamos de maneira imediata em uma espécie de quase-percepção: ela não é de modo algum uma forma imaginada na qual colocaríamos vividos rememorados. A retenção é um operador infinitesimal, mas é também uma função de tipo perceptivo, destituída de pensamento ou de imaginação, que não está à disposição de uma liberdade intelectual: ela surge em mim necessariamente, como uma espécie de visão ou de tocar o tempo compulsivos.

Esse campo temporal é, portanto, finito, "exatamente como na percepção"[13] [subentendido: espacial], diz Husserl: o diagrama já inscrevia essa limitação no papel, não abrindo o triângulo pela direita, não prolongando indefinidamente os traços. De direito, o acúmulo da retenção seria aberto ao infinito, acrescenta ele, todavia, em nota.[14] Essa finitude do campo temporal não é uma limitação psicobiológica; mesmo se Husserl também parece dizer que nossa retenção se esgota ao fim de um breve prazo, ela é antes uma forma fundamental de nossa finitude, atribuindo um limite à presença-para-nós. Ela é também como que adaptada por antecipação ao acolhimento de um objeto temporal, que valerá para nós a título de uma manifestação finita acolhida em uma janela de percepção temporal finita.

Ao lado dessa relação originária com o tempo procedente da retenção, dando forma ao campo temporal originário, Husserl descreve um segundo modo temporalizante da consciência: aquele da *recordação* ou *memória secundária* (a retenção sendo então rebatizada de *memória primária*). A retenção, já o dissemos, é suposta ser um modo perceptivo, é a maneira pela qual o temporal enquanto passado se *apresenta* originariamente a nós, e de forma alguma uma *representação* do tempo por nós. Justamente, a recordação acrescenta à nossa palheta temporalizante a função re-presentativa. Ela consiste na visada de uma duração não somente terminada, mas também fora do alcance da retenção, escapando pela janela do campo temporal originário. Para Husserl, essa visada é do tipo *reprodutivo*: quando eu me recordo de um conteúdo que foi vivido segundo um campo temporal

---

13. E. Husserl, *Leçons pour une phénoménologie de la conscience intime du temps*, op. cit., p. 46.
14. Ibidem.

originário, meu campo temporal originário atual reproduz traço por traço, retenção por retenção, o campo de ocorrência do *recordado*. Além da disposição "primária", pela qual colocamos em perspectiva o presente e o recém-passado segundo o diagrama das retenções, temos portanto uma disposição "secundária" para reencontrar o fruto dessa colocação em perspectiva quando ele escapa, quando ele está separado de nossa faculdade de *apresentação* temporal: nossa arte secundária consiste no emprego mimético de nosso campo temporal atual para fins da *reprodução* do campo temporal separado de nós. Husserl insiste no "eu posso" ligado a essa segunda disposição temporal: em relação àquilo que está separado da "perspectiva de presença", o acesso torna-se livre e reiterável. É de alguma maneira malgrado nós, na passividade ou seguindo o declive do fluxo, que "projetamos" a forma do diagrama das retenções: em compensação, suscitamos *ad libitum* a reprodução do secundariamente rememorado. A recordação dá lugar a um jogo formal da reprodução, que nos permite reproduzir encadeamentos acrescentando pedaços de reprodução uns aos outros, reproduzir atos reprodutores ou estruturas que combinam diversos graus de reprodução. O sujeito fenomenológico da memória secundária é uma espécie de gramático ou de lógico que usa suas partes de fluxo como peças de um jogo de dominó, como teclas de um teclado.

Como anunciávamos há pouco, Husserl propõe-se a compreender como, a partir dessas duas disposições temporais, chegamos a um tempo total, único e onienglobante. Ao lê-lo, apercebemo-nos que, de fato, ele concebe essa síntese totalizante do tempo de duas maneiras: no modo *objetivo* e no modo *subjetivo*. Essa distinção torna-se necessária em razão de seu ponto de vista fenomenológico: desde o início das *Lições...* ele declarou, por um lado, que entendia não atribuir *a priori* crédito ao tempo das coisas, ao tempo das coisas reais do mundo, por outro, que ele acolhia uma certa evidência primitiva do escoamento como algo para além do qual o questionamento não tinha sentido; que todas as realidades se mantêm em um "tempo objetivo", com suas datas ou suas durações, trata-se de uma verdade racional totalizante que pode ser suspendida, mas está fora de nosso poder negar a "passagem" que vivemos. Essa declaração é, em alguma medida, o equivalente, no estágio das *Lições...*, disto que na seqüência de sua obra se chama *redução fenomenológica*: chegaremos aí, e então nos deteremos suficientemente sobre este tema. Mas, neste momento, o que importa é que tal ponto de vista leva naturalmente a distinguir entre uma consistência interna do tempo e um tempo atribuído ao externo, imputado às coisas como uma espécie de vestimenta essencial. O diagrama das retenções é de fato a forma desses dois tempos, ou desses dois desdobramentos do tempo: nós o "descobrimos" analisando o modo pelo qual o objeto temporal externo, como a melodia escutada, adquire para nós o seu valor temporal, mas o que se descobre assim é uma organização que afeta os vividos em sua coesão imanente, o que se descreve é igualmente uma configuração interna que dá estatura a durações imanentes, a "objetos temporais imanentes", como diz Husserl.

Do ponto de vista do tempo objetivo, tempo das coisas ou tempo do mundo, convocado a ser sistematizado como tempo da ciência, a síntese totalizante é um puro assunto de técnica racional: primeiramente Husserl a descreve como um processo sistemático de prolongamento da reta temporal objetiva "vista", fazendo colaborar aí a faculdade de reprodução e a disposição de um campo temporal originário para a abertura: posso "desdobrar-reproduzir" o campo originário centrado em não importa qual ponto de meu recordado, e dessa maneira empurrar a parte do tempo que totalizo para mais longe em direção ao passado. De certa maneira, resta passar ao limite e tornar simétrico, assegurando-se de que a estrutura do tempo é *una* ao longo desses atos de voltar a colar. O interessante, nessa descrição de Husserl, é que aí se vê como ele concebe as modalidades primitivas da racionalidade científica, compreende-se que aos seus olhos certos atos do comportamento fundamental do homem, atos nunca aprendidos e em geral nem mesmo tematizados, já têm o tipo de coerência e de eficácia que caracteriza a ciência no mais alto nível. Com efeito, as operações de reprodução dos campos temporais terminados e de desdobramento do presente espesso por uma janela temporal de base não são operações teóricas conscientes e voluntaristas, mas os gestos fundamentais de nossa relação com o tempo; todavia elas são supostas "traçar" para nós, pouco a pouco, algo como uma reta temporal que convém à ciência.

Mas o que no final das contas é o mais interessante é a maneira pela qual ele descreve a unidade *subjetiva* do tempo. Observa primeiramente que este "escoamento" interno, do qual ele declarou desde o início que colocá-lo em dúvida não tinha nenhum sentido, é o próprio fluxo, o fluxo dos vividos enquanto "subjetividade absoluta". *Subjetividade* não significando aqui que haveria um sujeito, uma consciência, uma instância *egóica* de controle possuindo e supervisionando tudo, mas simplesmente que a interioridade do escoamento não pode comparecer diante de nenhum tribunal, ela é um testemunho último que nenhum ponto de vista externo poderia corrigir.

Mas é preciso da mesma maneira que nessa interioridade o fluxo dos vividos valha como *uno* e como temporalidade para nós una, que seja posta a noção de uma totalidade da interioridade do fluxo do começo ao fim temporal.

Para compreender isso, Husserl nos apresenta dois pensamentos.

O primeiro é que o fluxo não precisa de um outro elemento de apresentação para aparecer como temporalidade. As coisas do mundo aparecem como temporais graças à organização que o fluxo confere aos esboços dessas coisas, quer dizer, aos elementos vividos nos quais nossa relação com elas se resolve, em uma palavra, seus *fenômenos*: elas adquirem sua temporalidade pela mediação da interioridade. Em troca, a própria interioridade do fluxo não se torna temporal fenomenalizando-se junto a um outro fluxo, ela se auto-aparece: é a automanifestação do fluxo que o dá a ele mesmo como tempo.

O segundo é que esta auto-aparição do fluxo, se bem que ela se distribua em múltiplas ocorrências de campos temporais originários, em uma fluência de campos temporais de fato originários, é uma auto-aparição do fluxo como tempo e fluxo *uno*, porque e exatamente na medida em que a forma do diagrama das retenções é "sempre" ali reencontrada: essa forma, em sua eternidade intemporal (metafísica ou matemática), em sua multiplicação fluente, apreende o campo temporal originário e, a este título, lhe atribui o valor e o sentido da auto-aparição de uma subjetividade absoluta una do fluxo.

Da exposição dessa concepção do fluxo dos vividos como tempo sobressai também a importância do papel que desempenham ali os *atos de visada*, que conferem à multiplicidade dos vividos toda a sua estrutura, e dos quais dependem, portanto, a estatura e o sentido das coisas e da imanência subjetiva. O diagrama do tempo descreve a obra ou a ostentação da retenção que, pensando bem, é no caso o ato decisivo, proporcionando ao fluxo o seu próprio sentido de fluência: a irreversibilidade da fuga dos vividos não valeria como um escoamento, não assumiria para nós o rosto do tempo que se escoa se não houvesse o jogo complexo do reter. O que a locução *escoamento temporal* significa para nós é completamente comandado pelo modo específico de se relacionar ao imediatamente terminado e de colocar as durações em perspectiva, tal como o diagrama o representa. Husserl batiza com o nome geral de *intencionalidade* a função de visada da qual nossa imanência, da qual o fluxo dos vividos, tem a faculdade e sobre a qual repousa, portanto, sua análise da temporalidade. Em sua discussão da unidade do tempo imanente último, ele distingue entre a *intencionalidade longitudinal*, aquela que as retenções trazem enquanto visadas do recém-passado como tal, segundo a qual as aderentes durações terminadas são empurradas – intencionalidade que é como a auto-suscetibilidade do fluxo –, e a *intencionalidade transversa*, aquela que habita a consciência impressional, graças à qual nos vividos anuncia-se a nós algo de estranho. Essa distinção esboça o ou os problemas dos quais Husserl quis se encarregar em boa parte de seus tratados maiores.

Se, com efeito, o conceito de intencionalidade não é por si mesmo enfocado, discutido, construído e definido nas *Lições...*, ele não deixa de ser aquilo em torno do qual gira, em larga medida, todo o passo de restituição intencional que foi, incansavelmente, o esforço de Husserl, a tal ponto que usualmente se identifica a fenomenologia a este passo. Evocando o problema metodológico que o contínuo de seu fluxo colocava a Husserl, já fomos levados, aliás, a constatar o papel central da *análise intencional* em e para a *teoria* fenomenológica. Depois de ter tentado, no decorrer deste capítulo, circunscrever a experiência originária de Husserl, e descrever o mundo da imanência ao qual ele reenvia nossa razão filosófica, descrevê-lo como a contínua irreversibilidade temporalizante do fluxo, quer dizer, como uma espécie de desafio e de excesso para o pensamento, que ele não esquece nunca e ao qual toda a sua construção sempre permanece relativa, iremos então nos esforçar, no próximo capítulo, em dar conta da fenomenologia enquanto análise intencional, enquanto reflexão sobre o conceito de intencionalidade e reconstrução de todo dado da vida ou do saber em termos da intencionalidade.

# 2
# A restituição intencional

## 1. *O projeto fenomenológico: a análise intencional como teoria dos sentidos*

Quando Husserl começa a conceber um empreendimento sistemático chamado *fenomenologia*, quando tenta explicar seu projeto e desenvolver seus primeiros segmentos sistemáticos, não parte mais do fluxo, ou, para ser mais exato, não chega imediatamente àquilo que em princípio permanece para ele o alicerce, o lugar originário, isto é, o fluxo.

Ele pretende antes nos fazer reencontrar esse lugar decisivo, base de todas as reflexões, de todas as experiências, de todas as verdades, convidando-nos a uma espécie de preparação ou de procedimento preliminar que recebe o nome geral de *redução*.

### *A colocação entre parênteses*

Husserl nos "prende" nisto que chama de *atitude natural*, a qual então nos imputa: vivendo no mundo, ela é a atitude que consiste em espontaneamente considerar como existente – sem qualquer esforço e, no caso, sem nenhuma consciência de efetuar, verdadeiramente falando, o menor ato – todo objeto que nos concerne, que para nós faz sentido neste viver inocente. Husserl reinterpreta o modo pelo qual todas essas coisas estão presentes à nossa consciência como revelando, por assim dizer, um *isto existe* que não cessaríamos de pronunciar. No limite, é ao próprio mundo englobante que o *isto existe* se dirige. Husserl concebe que nossa ingenuidade em validar é uma ratificação do teatro do mundo e dos objetos, pessoas, animais, processos que ali ela encontra: em suma, a peça inteira e o seu elenco. Mas essa ingenuidade é o equivalente de um juízo de existência: Husserl entende nossa vida ingênua como se constantemente ela enunciasse uma certeza quanto a *tudo*.

Sugere então uma possibilidade, na qual de fato ele nos engaja a partir do momento em que a sugere: *suspender* a permanente enunciação implícita do *isto existe*. De conservar o viver em toda a sua riqueza, a freqüentação do teatro e da peça que ali se encena, mas se omitindo doravante de validar qualquer coisa. Para ser justo, até aqui não "validávamos", não enunciávamos absolutamente nada e atravessávamos nosso real na inocência íntima de nossa vida. Mas Husserl estima que tudo se passava como se enunciássemos o *isto existe*: ele nos pede então para *apagar explicitamente o* isto existe *implícito na vida*. E é isso que se chama *redução*. Em *Ideen I*, cuja linguagem seguimos aqui mais que a de qualquer outro tratado, Husserl diz *epoché* e traduz (em alemão) "colocação entre parênteses".[1]

A fórmula "colocação entre parênteses" trata novamente o vivido da atitude natural como uma proposição ou um texto. Ela tem até mesmo uma ressonância ainda mais teórica, se isso é possível; faz-nos pensar na função lógico-matemática do parêntese, que é a de proteger da

---

1. No texto, *Einklammerung*.

circunvizinhança – calculatória ou declarativa – toda uma parte ou uma fase do cálculo ou da asserção, de forma que apenas em um segundo tempo aquilo que está entre parênteses intervirá como ingrediente, será lançado nessa circunvizinhança, posto em relação com ela.

Por um lado, essa analogia nos permite compreender melhor o projeto fenomenológico: para Husserl, trata-se de estudar o *viver* em sua complexidade primeiramente de maneira separada e independente, para só em um segundo tempo tratar a questão de sua "validade", de sua correlação com o "mundo".

Por outro lado, ela talvez nos revele uma inspiração profunda e essencial do passo husserliano. Com efeito, o protótipo dessa estranha noção de *epoché* poderia muito bem ser a suspensão matemática, cuja singularidade Platão já observa em *A república*: convém à ótica e à atitude matemáticas apropriar-se de enunciados ou de situações atalhando todo questionamento acerca de sua validade ou efetividade[2], para em um primeiro tempo procurar apenas analisá-las em sua estrutura ou extrair suas conseqüências, reenviando para mais tarde toda tomada de posição dogmática quanto ao que é ou ao que

---

2. "Aqueles que trabalham com a geometria, com os cálculos, com tudo o que é dessa ordem (tu deves sabê-lo, eu penso), uma vez que puseram por hipótese a existência do ímpar e do par, a das figuras, a de três espécies de ângulos, ainda a de outras coisas da mesma família segundo cada disciplina, procedem a respeito dessas noções assim como a respeito de coisas que eles sabem; manejando-as para seu uso como hipóteses, eles não estimam mais de forma alguma preciso legitimá-las, nem para eles mesmos nem para outrem, como se elas fossem claras para todo mundo." (Platão, *Rep.*, VI, 510, c-d, La Pléiade, *Platon Œuvres complètes*, tomo I, p. 1099) Pode-se entender a passagem como declarando o caráter dogmático, até mesmo irrefletido, da admissão, pelos matemáticos, de seus pressupostos. Mas é preciso conservar no espírito que, segundo o texto, as diversas afirmações enfocadas são tomadas apenas como hipóteses, e que portanto trata-se, quanto à verdade, antes de um ato de suspensão que de uma decisão indevida.

pode ser intuído. É plausível que o passo fenomenológico tivesse seu modelo secreto nessa atitude, mais do que na dúvida cartesiana[3] ou no mito da caverna[4], como se disse mais freqüentemente. Sem pretender desenvolver aqui uma tal tese de história da filosofia, menos ainda argumentar, contentamo-nos em sugerir a aproximação, porque a acreditamos esclarecedora para compreender a redução.

*A imanência e a transcendência: primeira aquisição da análise intencional*

Para Husserl, a redução tem um efeito, que é o de revelar a imanência. A partir do momento em que cesso de validar sem o saber o mundo, qualquer coisa e qualquer fato, é a vida luxuriante dessa validação que de alguma maneira aparece. Não dispondo mais da facilidade de mergulhar constantemente no mundo das entidades que valido, de contemplá-las e de usá-las como referências, reencontro a atividade comumente escondida, silenciosa e despercebida, por intermédio da qual essas entidades, assim como seu(s) mundo(s), chegam a valer para mim. A redução me "reenvia" a uma região que Husserl aplica-se em dizer que é multiforme, rica, proliferante, e que é simplesmente a região da consciência pura ou o lugar da imanência, ou seja, literalmente e como Husserl o diz, o fluxo dos vividos, apresentado no capítulo precedente.

Mas, então, no circuito fenomenológico o fluxo dos vividos é desvelado ao preço da perda de toda validação

---

3. Atravessada nas duas primeiras das *Meditações* de Descartes.
4. Que Platão utiliza para explicar-nos o Sol dando a inteligibilidade e como podemos nos beneficiar de sua irradiação (*Rep.*, VII, 514-517; La Pléiade, op. cit., p. 1101-5).

e de toda objetividade; mais do que isso, de todo o mundo. Compreende-se assim a orientação da fenomenologia para a odisséia: após este exílio "troiano" que é a redução, trata-se para ela de reencontrar os objetos e o mundo, Penélope que se deve temer que nunca mais se dê tal como a deixamos. Portanto, o programa fenomenológico é o de uma restituição, dos objetos e do mundo, que se espera da atividade da consciência: graças à redução, a imanência é descoberta como o lugar de uma atividade permanente e complexa, e a esperança fundamental da fenomenologia é que essa atividade, graças à qual, sem que o saibamos, as entidades e o mundo ordinariamente "permanecem", tenha a potência de nos "restituir", em certo sentido, o conteúdo do parêntese em sua validade, que parece depender de sua faculdade de evocar uma exterioridade.

Vamos dizê-lo de imediato, a atividade da imanência é atividade intencional. Na origem, nas *Investigações lógicas*, Husserl utiliza a palavra *ato* como sinônima de *intenção de consciência*.[5] E, para Husserl, é pelo exame das figuras e das imbricações da intencionalidade que vai passar a restituição dos objetos e do mundo, isso no decorrer de toda a sua vida e em todas as versões propostas da fenomenologia. Tomamos o partido, mesmo nesta seção *consagrada* à intencionalidade, de diferir um pouco ainda a exposição de alguns elementos conceituais que fixam a noção no sistema husserliano: contentando-nos em compreender a palavra como designando, de maneira um pouco vaga, nosso modo de dirigir-nos para os objetos, de encará-los como estando na meta de nossa visada, dedicamo-nos no momento a descrever o objetivo e o método da análise intencional.

---

5. Cf. E. Husserl, investigação lógica 5, § 10, in *Recherches logiques 2*, segunda parte, p. 167-72.

Portanto, para compreender do que trata a restituição intencional, particularmente com quais dificuldades ela se defronta, é preciso explorar um pouco mais esse assunto mensurando imediatamente a diferença fundamental que, para Husserl, se estabelece entre *imanência* e *transcendência* na rubrica da intencionalidade.

Então, "após" a redução encontramo-nos sem objetos, mergulhados na imanência, nesse fluxo dos vividos que se manifestou a nós. Isto ocorre justamente porque a suspensão das validações nos reenviou dos objetos a este fundo de subjetividade que desconhecíamos até então, que é o fluxo, a imanência. Mas de imediato importa saber o que doravante pode valer para nós como tema de estudo, como entidade a se pôr e a se determinar.

Ora, depois que o posto da imanência estritamente subjetiva foi desvelado pela redução, impõe-se uma distinção.

Os antigos objetos do mundo, as árvores e as mesas que a atitude natural tomava por moeda corrente, têm um rastro na imanência: eles se resolvem ali em sistemas de esboços. Na imanência, "no lugar" da árvore eu tenho uma multiplicidade de esboços que me apresentam a árvore sob tal ou tal face, com tal ou tal luminosidade. Minha relação imanente com a antiga árvore não está enclausurada na pontualidade de um vivido fugidio, ela se elabora no encadeamento de todo um movimento de esboços diferentes uns dos outros, variando segundo as circunstâncias da conexão perceptiva. Em uma primeira análise, minha relação com a árvore consiste no fato de que a árvore está constantemente posta como *uma* e *a mesma* durante todo o decurso dessa variação dos esboços. Este é o modo típico de apresentação, na imanência, dessas entidades que valem para nós como *transcendentes,* palavra que, no vocabulário de Husserl, qualifica simplesmente a situação "para além" da imanência, a exterioridade por oposição a este resíduo antes de tudo puramente subjetivo que é o fluxo enquanto imanência. Elas não se dão totalmente em uma intuição plena, mas sua doação se divide em uma multiplicidade de esboços, em que cada um é estruturalmente incompleto.

A este modo de se dar opõe-se singularmente aquele das entidades imanentes: estas me aparecem na simples reflexão, minha imanência tem este poder de voltar-se sobre si mesma para aparecer a si. E, no princípio, essa apreensão ou essa doação é plena: a entidade imanente não é estruturalmente fragmentada em esboços, a proximidade a si da imanência a põe para mim como se mostrando em sua totalidade, o inacabamento ou a falha da apreensão estão limitados a parâmetros marginais (grau de vigilância, suavidade da fronteira temporal dos vividos reflexivamente considerados).

A reflexão sobre os modos de doação das entidades na imanência puramente subjetiva nos "restitui" então duas categorias de entidades, duas regiões ontológicas, aquela da transcendência e aquela da imanência, que doravante estarão *a priori* distinguidas no pólo objetivo: a cada região corresponde um "tipo intencional" da doação, respectivamente aquele da fragmentação em esboços e aquele da apreensão reflexiva em princípio total. Falamos em "tipo intencional" para exprimir o fato de que esses dois modos de doação são evidentemente duas maneiras, para a imanência, de dirigir-se para conteúdos que ela torna seus objetos, eles parecem corresponder a *intenções* de estilo diferente, emanando do fluxo dos vividos.

Portanto, a fenomenologia encontra uma espécie de benção: a redução, que ameaçava fazer perder toda entidade, todo objeto, no final das contas revela "duas vezes mais" objetos do que havia antes. Enquanto a atitude natural só conhecia os objetos do mundo, validados de maneira irrefletida, a fenomenologia freqüentará as entidades transcendentes – os objetos transcendentes vistos *depois* da colocação entre parênteses – e, além disso, as entidades imanentes descobertas na nova região que a redução revelou.

*A análise intencional como fundação do saber*

Esta primeira análise distintiva dos *modos de doação*, reportada aqui sempre segundo *Ideen I*, é exemplar para o empreendimento fenomenológico. O projeto de Husserl é o de inventariar completamente os modos de doação, o de esclarecer, para cada tipo de entidades, a maneira pela qual originariamente nós as "temos". É nesse sentido que se deve entender o famoso "Princípio dos princípios":

> [...] toda intuição doadora originária é uma fonte de direito para o conhecimento; tudo o que se nos oferece na "intuição" originariamente (por assim dizer na sua efetividade corporal) deve simplesmente ser recebido da maneira como ele se dá, mas também sem ultrapassar os limites nos quais ele se dá.[6]

Na citação apresentada, o princípio simplesmente insiste no fato de que existem certas "intuições originárias" que são fonte de direito, de forma que não tem sentido questioná-las: é preciso registrar o que elas ensinam sobre o que nelas se mostra e validá-lo como conhecimento fenomenológico, sem ir além. Mas "reciprocamente" o projeto fenomenológico postula que toda entidade, desde que seja concebível, desde que faça parte do campo polimorfo

---

6. E. Husserl, *Ideen I*, op. cit., p. 78.

daquilo que passa por alguma coisa no mundo humano
– pelo menos para um homem, para o filósofo efetuando
o ofício fenomenológico – *tem* sua intuição originária:
pode ser-lhe associado um protocolo de doação que define como uma entidade dessa espécie é conhecida a partir
da imanência e como, correlativamente, um conhecimento dessa espécie de entidade é possível. Em razão dessa
sua vontade de sempre remontar a intuições doadoras originárias, a análise intencional da fenomenologia é constitutivamente *regionalista*, ela é levada a dividir o ser em
tantas camadas quantos são os tipos de doação.

É preciso acrescentar a isso duas observações sobre a
idéia geral dessa análise intencional, observações que,
ambas, vão nos aproximar do motivo epistemológico.

1) A primeira versa sobre a noção de *fundação na evidência*. O princípio dos princípios também diz que devemos, para nos reapropriar de nosso conhecimento e
fazer dele um conhecimento realmente científico, quer
dizer, indissoluvelmente filosófico, remontar a evidências
primeiras, indiscutíveis. E, de fato, na maior parte das exposições da fenomenologia que redigiu, Husserl parte
dessa vontade fundacionista, da exigência de um sistema
da certeza em que se possa designar claramente os conhecimentos primitivos, conhecidos no modo da evidência
*apodíctica* – o que significará, no caso, que nenhuma dúvida a seu respeito chega a estabilizar-se em nenhuma
consciência –, e as regras de derivação que conduzem
destas evidências aos conhecimentos mediatos, regras cuja
legitimidade também é apreendida com uma certeza apodíctica. Husserl parte daquilo que poderíamos chamar de
exigência cartesiana de fundação, se bem que na *Filosofia primeira* faça-a remontar, por sua parte, a Platão.[7]

---

7. E. Husserl, *Philosophie première*, 1923-1924, trad. franc. A. L. Kelkel, Paris, PUF, 1970-1972 (2 vol.), vol. 1, p. 9.

Podemos até mesmo chegar a dizer que o fluxo dos vividos, enquanto solo último, lugar intransponível da pesquisa fenomenológica, é de bom grado apresentado como o lugar onde só há evidência apodíctica, aquela na qual eu chego exercitando a dúvida ilimitada.

Donde a imagem freqüentemente sublinhada da filosofia husserliana: ela seria um empreendimento dogmático de ordenação de todas as verdades de todas as ciências a partir de um feixe de evidências não partilháveis, falaciosamente postas fora do alcance de qualquer crítica, aquelas que o *Princípio dos princípios* entregaria.

Sem dúvida existe isso, mas é preciso corrigir a imagem completando-a.

Em primeiro lugar, a evidência não é alcançada como pontual. Em última análise, a evidência é a da apresentação da consciência a si mesma, ou seja, a da auto-aparição do fluxo, na qual repousa tudo aquilo que a palavra *reflexão* recobre para nós. Portanto, ela está presa no movimento do contínuo, que a enseja: ela é rodeada por aparição declinante, forma campo e multiplicidade, de tal modo que sua eventual plenitude está sempre presa na mobilidade, relativizada por esta. Compreende-se isso a partir de nosso primeiro capítulo, e Husserl nunca cessa de relembrá-lo.

Em segundo lugar, a fenomenologia apresenta menos um sistema das *verdades* do que um sistema das *possibilidades*, ou, para dizê-lo ainda melhor, um desdobramento ordenado e fundado – e primeiramente distintivo – dos "sentidos de objetos": ela vai explicitar os tipos de doação, quer dizer, os modos complexos e hierarquizados segundo os quais nós nos dirigimos para entidades. Certamente, estes modos prejulgam o conhecimento possível dessas entidades, mas o propósito fenomenológico pára aquém da determinação epistêmica dos objetos das regiões. A análise intencional, classificando os objetos segundo as intenções que os visam, é antes uma teoria generalizada e integradora do *sentido* do que um sistema das verdades.

2) Nesta função de teoria dos sentidos, ela pretende, todavia, ter um valor normativo, e é isto que é preciso explicar na segunda das observações anunciadas, terminando assim a apresentação sintética e conceitual da análise intencional, pela qual quisemos começar. É aqui que é preciso falar das *essências* e do método da variação eidética.

Com efeito, aquilo que neste capítulo chamamos de *restituição intencional* consiste, acabamos de dizê-lo, em descrever, para cada tipo de objeto, portanto para cada região, o gênero de intencionalidade que lhe corresponde. Mas seguramente não se trata de surpreender uma certa conformação intencional do fluxo a cada vez que é dado um objeto particular do tipo considerado; de contentar-se, por exemplo, com que se superponham em nós visões elementares da extensão ocupada por esta maçã sob este ângulo e neste instante, e visões elementares concomitantes de seu vermelho palhetado de amarelo tão notável. A fenomenologia husserliana não nos entrega relatórios ou fotografias de exemplares psicológicos singulares de tal ou tal arranjo intencional. Ela propõe-se a descrever a forma à qual todos estes arranjos satisfazem. Ou antes: a estrutura que se torna critério para determinar a cada vez se um objeto do tipo correspondente é dado. As formas ou estruturas intencionais sucessivamente resgatadas pela fenomenologia têm, portanto, uma significação normativa: de alguma maneira elas são o critério imanente ou a regra da doação de objetos de um tipo particular. Assim, todo objeto externo mostra-se em "esboços" que nos revelam uma extensão espacial ao mesmo tempo que um aspecto cromático, e deve ser assim para toda entidade percebida de nossa circunvizinhança: essa divisão, bidimensionalidade ou bivalência de nossa visada tem força de lei para a doação dessas entidades, por exemplo, a da maçã vermelha palhetada de amarelo de há pouco.

Husserl descreve o arranjo intencional que é como que a *essência* de cada modo intencional particular efetuando a doação de um objeto do tipo considerado. Em sua linguagem, uma essência chama-se também um *eidos*, uma *idealidade*, quer dizer, conforme à tradição platônica, uma espécie de modelo que transcende cada um de seus exemplos, mas onde todavia eles se reconhecem. Portanto, a forma resgatada pela análise intencional é uma idealidade que tem valor normativo, dominando cada efetuação intencional que ocorre em um fluxo de vividos: cada um deles corresponde a ela, ilustra-a, constitui uma *instância* sua, como de bom grado o dizemos em uma terminologia de estilo lógico.

O ato filosófico do resgate dessa forma é chamado aqui de *restituição* intencional porque insistimos no viés reflexivo da fenomenologia e no fato de que a investigação e a descrição fenomenológicas são uma espécie de repetição do curso de acontecimentos do fluxo no *depois*. Husserl, por seu lado, fala antes de *constituição*. É porque, para ele, o resgate dessas essências configuradoras que caracterizam a doação dos diversos tipos de objetos é a "ciência transcendental" por excelência. Conhecer uma forma intencional de doação é conhecer, em sua determinação essencial primeira, qualquer objeto do tipo considerado, é antecipar todo saber possível sobre tais objetos: a análise intencional efetua assim um "empréstimo transcendental", ela elucida a possibilidade do conhecimento e prepara normativamente seu exercício. É por ser "restituição intencional" que a fenomenologia é fenomenologia transcendental, e é isso que a fórmula husserliana "constituição" exprime: resgatar a forma-essência da intencionalidade que visa a um tipo de objetos é "constituir" esses objetos, ou, ainda, é instituí-los como aquilo que eles são para todo saber que se interesse por eles, é esboçar todo conhecimento legítimo possível sobre esses objetos sem cair em um ponto de vista rotineiro que por princípio negligencia alguma coisa. Mas, ao colocar a faculdade teórica humana em sua orientação, em sua perspectiva axial ideal a respeito do objeto, a fenomenologia por assim dizer fabricou, "constituiu", este último, ela abriu a porta do ser do objeto para a melhor enunciação possível deste ser: sua enunciação científica.

Mas, então, como a fenomenologia consegue sua performance crucial, que é a de "encontrar" a essência a fim de dizê-la? Tendo que "constituir" um tipo de objetos, como ela apreende a forma intencional "essencial" que lhe corresponde? Husserl definiu uma espécie de procedimento, que chamou de *método da variação eidética*. O adjetivo *eidética* é formado a partir do grego *eidos*, que significa, já o dissemos, a *essência* ao mesmo tempo que a idealidade: o *eidos* é a idealidade sob a qual cada caso cai, reconhecendo ali o seu tipo, quer dizer, também o decisivo elemento identificador comum aos casos, a essência enquanto singularidade ideal. Seguindo o seu método, a fenomenologia transcendental sabe encontrar o *eidos* dos arranjos intencionais que dão os objetos do tipo considerado. Aos objetos do tipo "entidades externas", os familiares objetos mundanos espaço-temporais, corresponde por exemplo, como já dissemos, o modo de doação por esboços: é preciso então conceber um modelo formal da multiplicidade de esboços de uma mesma entidade transcendente e encará-lo como um *eidos* único, de valor adequadamente geral, que é ilustrado, tem por caso ou por uma instância o arranjo intencional particular em mim, aqui e agora, de meus esboços da maçã vermelha palhetada de amarelo, que está diante de meus olhos.

Para retornar à maneira pela qual a fenomenologia encontra tais modelos, tais essências ou *eidé*, digamos que ela nos recomenda a seguinte experiência de pensamento: partimos de uma doação particular de um objeto do tipo e exploramos, pela imaginação, tudo o que essa doação poderia ser, nós a deformamos segundo as possibilidades que se apresentam no espaço das configurações fenomenológicas em que o objeto se desenha, onde a doação ocorre. Dessa maneira, temos acesso a um ponto de vista tal que vemos o que pertence essencialmente ao objeto, à sua doação: aquilo que o ponto de partida da experiência de pensamento podia ter de particular é anulado pelo mergulho do caso na família de suas variantes fenomenológicas. A tal ponto, observa Husserl, que também podemos partir de uma imaginação, de uma situação perceptiva fictícia, apenas concebida, para reencontrar o mesmo *universum* de possíveis a partir de um elemento não atual: de qualquer forma, o campo dos possíveis que é preciso levar em consideração excede amplamente aquilo que, a título de doação, preenche *atualmente* a consciência.

Portanto, Husserl prevê e promete que, seguindo essa espécie de experiência de pensamento, "caímos" naturalmente naquilo que domina e caracteriza o *universum* de possíveis que visitamos, nos limites e nos constrangimentos da variação, nos invariantes que se manifestam à medida que variamos sobre seu fundo: no *eidos*, naquilo que é propriamente a essência subjacente ao tipo de doação considerado, nas propriedades de estrutura que ela sempre possui, e que uma doação deve respeitar para permanecer um caso de seu tipo. A essência se mostra graças à experiência chamada por Husserl de experiência da *variação eidética*, um pouco como se encontra um *optimum* visual no esforço chamado de acomodação do olhar ou, mais propriamente, como o verdadeiro e o geral se revelam no raciocínio *imaginativo* do geômetra, também ele constantemente projetado nas infinitas possibilidades evocadas pela particularidade do dado estilizado – na folha de papel sob seus olhos –, que é a figura base de sua especulação, quer se trate de um triângulo, de um círculo ou de um arco de hipérbole.

Essa experiência de pensamento pressupõe claramente a redução fenomenológica, visto que ela toda tem lugar na imanência, e gira na apreensão reflexiva das modalidades intencionais do fluxo. Os tipos de doação só podem reenviar a tipos de dispositivos intencionais através dos quais um objeto é acolhido. Mas esses dispositivos testemunham o trabalho clandestino que o fluxo abriga e ao qual devemos nossa confiança ordi-nária nas coisas e em um mundo: é preciso a *epoché* para revelá-lo.

Portanto, o conhecimento da essência procede da imaginação: o método seguido para chegar à apreensão intuitiva da essência o testemunha. Conseqüentemente, a imaginação adquire o estatuto de uma faculdade nobre e fundamental. Duas observações filosóficas gerais podem esclarecer o alcance desta tese sedutora.

Em primeiro lugar, o método da variação eidética apela à imaginação enquanto faculdade de percorrer os possíveis *pertinentes*: com efeito, o que nos torna seguros de que nossas variações nos autorizam a dizer a essência é a convicção de que toda modificação de uma situação intencional pertinente para a doação, particularmente toda modificação típica suscetível de acarretar a não-doação, terá sido considerada. Em outras palavras, a imaginação abarca todo o possível que conta para este assunto. Na perspectiva de Husserl isso é compreensível, visto que a imaginação tem um domínio competente sobre a reflexão: o que pode ser refletido, quer dizer, aquilo que a consciência pode testemunhar que estava presente no fluxo, também pode ser convocado por ela, arbitrariamente *presentificado*, ou seja, *imaginado*. Visto que a reflexão é aquilo pelo qual o fluxo nos é dado, de alguma maneira o seu prisma transcendental, disso resulta que a imaginação por princípio penetra em todas as configurações concebíveis do fluxo, na imanência em toda a sua diversidade.

Em segundo lugar, deve-se observar que, para Husserl, esta imaginação perita em conceber as configurações possíveis do fluxo dos vividos não é outra coisa que a imaginação de todo o mundo, mais precisamente, ela engloba a imaginação cultural e literária. Na medida em que a redução não perde nada daquilo que a atitude natural conhece, apenas o coloca entre parênteses, em suas variações a imaginação pode ter acesso a qualquer ficção pertencente à tradição do espírito objetivo. Ao expor o método da variação eidética em *Ideen I*, Husserl se preocupa em explicitar esta abertura "enciclopédica" da imaginação que dirige a procura das essências. Ele afirma a possibilidade, para a imaginação de seu método, de beber nos "[...] exemplos fornecidos pela história e, em uma escala ainda mais ampla, pela arte e em particular pela poesia".[8]

E conclui a seção consagrada ao método da variação eidética com estas palavras audaciosas:

> a "ficção" constitui o elemento vital da fenomenologia, assim como de todas as ciências eidéticas; a ficção é a fonte onde se alimenta o conhecimento das "verdades eternas".[9]

É preciso compreender que é a própria vontade de dizer o que é intemporalmente verdadeiro e necessário que exige uma consideração ampla dos possíveis, cujo único

---

8. E. Husserl, *Ideen I*, op. cit., p. 226.
9. Ibidem, p. 227.

meio é aquilo que Husserl chama de *ficção*, e que é a evocação voluntarista do que pode ter sentido para nós.

## 2. O *motivo da intencionalidade*

Como várias vezes anunciado, é preciso chegar agora àquilo que corresponde, em Husserl, a uma "definição" da intencionalidade: a algumas referências que ele nos dá, à luz das quais podemos compreender mais precisamente o que ele assim nomeia e como a intencionalidade opera.

Porque, em Husserl, primeiramente a intencionalidade designa a propriedade que a consciência tem de produzir *acontecimento*, a atividade por excelência da consciência. Esta consciência que é antes de tudo fluxo dos vividos sabe cristalizar-se ou ligar-se de tal forma que ela se faz *ato*, o que, desde as *Investigações lógicas*, como já dissemos, de sua parte significa ao mesmo tempo *apontar para, visar*. A intencionalidade satisfaz a uma função de visada, mas ela sempre se efetua em atos, que são também acontecimentos.

Husserl não esconde que recebe o conceito de intencionalidade de Brentano.[10] Este o introduz simplesmente enunciando que "toda consciência é consciência de alguma coisa", para a seguir esboçar uma caracterização aparentemente gramatical da intencionalidade, aliás deliberadamente retomada por Husserl: uma percepção é percepção do percebido, um desejo é desejo do desejado, etc.

Contudo, para Husserl a propriedade que a consciência tem de ser *consciência de* é atribuída a certos vividos, dos quais dizemos que "participam da intencionalidade".

---

10. Franz von Brentano (1838-1917) foi um filósofo de língua alemã que quis aproximar a filosofia das ciências, tornando-a mais sistemática e mais rigorosa, e cujo trabalho essencial versou sobre a *psicologia*. Além disso, foi o mestre ou o inspirador de vários membros da corrente chamada *Gestalt*, em parte contemporânea de Husserl.

Esta última proporciona assim à consciência – ao fluxo – a visada de objetos que devem ser considerados até certo ponto internos: que não colocam em questão a *redução*, a instalação na imanência.[11]

Finalmente, o que é o mais particular a Husserl em sua concepção da intencionalidade é seu modo de vê-la como emergindo do fluxo, como sustentada por uma multiplicidade de vividos. Com efeito, ele distingue dois tipos de vividos:

1) Os vividos *hiléticos*, que são simples conteúdos, um puro material para a vida da consciência[12]; esses vividos são uma espécie de dado que a imanência encontra em si mesma após a redução, eles são o elementar da *sensação* e do *sentimento*;

2) Os vividos que, em qualquer grau, participam da intencionalidade; se bem que cada um deles, por si mesmo, não tenha a capacidade de enviar a consciência para fora de si, a intencionalidade edifica-se graças à colaboração destes, e ela edifica-se como um emprego dos vividos *hiléticos*.

Que existam flechas que *apontam para*, acompanhando o fluxo dos vividos e testemunhando sua capacidade de ato, em suma, que exista intencionalidade, no final das contas é suposto por Husserl resultar do fato de que uma multiplicidade de microatos, as *noeses*, anima os vividos que participam da intencionalidade, de maneira a fazê-los compor uma *forma* com o material dos vividos hiléticos.

---

11. Desse ponto de vista estes objetos têm, segundo a velha terminologia escolástica, a propriedade da "*in*-existência intencional", o *in* tendo o sentido latino de *em* e não o sentido negativo.

12. O adjetivo *hilético* é formado a partir da palavra grega *hylé*, que se traduz geralmente por *matéria*. Matéria e forma (*morphé*) classicamente se opõem em filosofia, pelo menos desde Aristóteles, que deu uma grande importância a este par de termos, particularmente para caracterizar o objeto daquilo que ele chama *física*.

A *hylé* de consciência é promovida pelos vividos da intencionalidade, sob a égide das noeses, ao estatuto de *morphé*. É apenas na medida em que vividos hiléticos e vividos que participam da intencionalidade equilibram-se em uma tal forma que um objeto é visado.

Por excelência e prioritariamente, essa análise se aplica ao objeto da percepção banal. A árvore do jardim se "traduz" no fluxo dos vividos – como já o indicávamos acima – por um feixe de esboços perceptivos, cada um deles dando-me essa árvore sob um certo ângulo, com um certo contorno aparente, com um certo cromatismo e uma certa luminosidade, talvez igualmente com um certo odor atual, etc. Esses esboços variam para o sujeito perceptivo em quem eles se recolhem, em razão do movimento do fluxo dos vividos, que propriamente é o movimento da vida: em todo caso, que constantemente encerra a profusão de microacontecimentos que justamente conhecemos como a vida. Todavia, a árvore é para nós a mesma no decorrer da variação dos esboços que dela temos. Todos os nossos esboços lhe são imputados como tantos modos de apontar para ela, como homólogos segundo a intencionalidade, na medida em que eles a visam.

Essa convergência intencional dos esboços é interpretada por Husserl como ligada ao equilíbrio destes em uma forma, operado pelo *momento noético da consciência*, para nomear assim de uma só vez a multiplicidade das noeses em sua função. É porque e na medida em que todos os meus esboços da árvore são equilibrados em uma *morphé*, constituem coletivamente algo assim como uma estátua a partir do bronze dos *data* hiléticos da árvore, que eu viso a árvore, que a árvore é o meu objeto intencional, que eu tenho acesso àquilo que Husserl chama então de *noema perceptivo* da árvore: a árvore percebida enquanto tal, a árvore como pólo unitário de meus esboços, sob a animação noética. Coletivamente, as noeses fazem de meus vividos os agentes solidários de uma visada, e aquilo que é visado, considerado como tal, nomeado exclusivamente enquanto visado e não porque ele teria além disso ou previamente uma consistência no ser, é batizado de *noema*.

O resultado fenomenológico é então que, quando viso uma árvore ou o que quer que seja, o modo que meu vivido tem de ser engatado a seu pólo de visada corresponde à "captura" da multiplicidade hilética de meus esboços em uma *morphé*: as *noeses* agem no fluxo de meus vividos para precipitar essa *morphé* e dirigir a fatia concernida do fluxo a um objeto virtual, imanente, puro correlato que se vê denominar *noema*.

Evidentemente, nós nos interrogaremos sobre esta *morphé* dos vividos, alicerce fenomenológico da intencionalidade na construção husserliana. Visto que o fluxo dos vividos é tempo, é puramente temporal, como ele pode dar lugar a uma *morphé*? Para que haja uma *morphé* do tipo da estátua de bronze não é preciso que os momentos individuais que compõem esta *morphé* sejam de alguma maneira simultâneos? Na verdade, não é preciso que toda *morphé* seja espacial?

Em certo sentido sem dúvida, e a prova disso já nos foi dada pelo próprio Husserl em sua concepção do campo temporal originário. O diagrama das retenções, relido à luz daquilo que sabemos agora sobre a teoria husserliana da emergência intencional, não é outra coisa do que a *morphé* dos vividos pela qual é dado – quer dizer, visado – este objeto absolutamente primitivo que é uma duração temporal imanente. Existe ali uma forma não arbitrária com o ajuste bidimensional do escoamento dos instantes e das retrospectivas da duração. Com efeito, esta forma só pode ser mostrada por meio de uma figuração espacial.

Da mesma maneira, a análise acústica dos objetos temporais que são as notas de música ou os fonemas não pode evitar fazer-se no modo espacial, representando o gráfico de certas funções numéricas do tempo cujas regularidades, periodizações ou o aspecto típico na vizinhança ao *extrema* serão manifestados em uma superfície plana. Evidentemente, nessa análise tais representações são supostas ser a tradução do real no dispositivo científico daquilo que existe. No caso fenomenológico, dificilmente poderemos dizer que a *morphé* intencional "existe". A possibilidade intelectual que temos de torná-la crível para nós por meio de uma representação espacial não esgota o problema do estatuto dessa *morphé*. Os fluxos de vividos são ubiqüamente decorados por "estátuas de bronze" intencionais, e não compreendemos muito bem "onde" e "como" essas formas existem ou perseveram.

A nosso ver, por um lado é preciso deixar esta questão em seu estado de mistério, reservá-la para as discussões e para os debates de todos aqueles que, tendo mergulhado na filosofia de Husserl uma primeira vez, desejam ir até o fim de uma compreensão daquilo que ele pôde querer dizer ou daquilo que podemos pensar de coerente na direção traçada por ele.

Não obstante, proporemos aqui um começo de resposta, que corresponde a uma tendência do que diz o próprio Husserl. Talvez a questão seja antes a de saber qual é a nossa *relação* com essas *morphés* intencionais. Poderíamos aceitar como claro o fato de que elas se produzem no fluxo, declarando não estarmos mais embaraçados pelo fato de que ali essas *morphés* nunca são atuais; ao fim e ao cabo, talvez baste que a reflexão possa seguir percursos retrospectivos visitando a forma, como no caso do diagrama das retenções.

À questão assim recolocada, a resposta husserliana parece ser a de que a *morphé* intencional é *exigência* em nós, que de alguma maneira ela se antecipa e prescreve-se a si mesma. "Enquanto" a *morphé* intencional da árvore se estabelece em nós, a harmonia de esboços assim instituída começa a valer como aquilo que deve ser e perdurar, os "próximos" esboços são esperados, "pré-desenhados", diz Husserl, a fim de que a forma seja confirmada. Tal seria a maneira que a forma tem de valer para nós "acima" de cada componente efêmero, como expectativa, demanda ou prescrição da globalidade harmoniosa à qual ela se identifica. Para ir rápido, a *morphé* intencional é vivida como *regra*. À sua inaparência na imanência corresponde a sua exigibilidade: a imanência é por assim dizer afetada por uma exigência de constituir a forma dispondo os vividos segundo ela, exigência que emana da própria forma e que consiste no fato de que, antecipando-se, ela "dirige" o fluxo.

Para completar essa teoria fundamental da intencionalidade, é preciso dizer também que Husserl descreve a aquisição do "apontar para" pelo equilíbrio da *morphé* intencional como *doação de sentido (Sinngebung)*. Esta formulação não é redundante diante do que já foi dito. Desta vez a palavra *sentido* não está limitada à significação direcional do *apontar para*. Husserl toma o cuidado de relembrar que a palavra *noese*, escolhida por ele, contém o radical *nous*, que junto aos gregos designa o espírito no sentido forte da palavra, reenviando à mais alta noção de norma e ao mais espiritual conceito de sentido. A "doação de sentido" que tem lugar a cada vez que a forma se equilibra, valendo interiormente como regra, por um lado é "advento de sentido"; em linguagem idealista, diríamos que ela é a espiritualidade e a idealidade do sentido afirmando-se ou efetuando-se graças ao fluxo, diretamente pelo fluxo.

Isso significa particularmente que a delimitação da emergência intencional é o que distingue a descrição fenomenológica do fluxo dos vividos de uma taxonomia que visa o ser-aí "mineral", por assim dizer morto, do psíquico. Em relação a isso, Husserl pensa opor-se às concepções de seus predecessores ingleses Hume, Berkeley e Locke, pelos quais ele foi visivelmente seduzido e com os quais claramente reconhece uma dívida, a se julgar pela maneira como repetidamente relembra suas teses.[13] Assim, a despeito de uma certa proximidade reconhecida por ele entre a meta desses "sensualistas ingleses" e aquela da fenomenologia, Husserl rompe essencialmente com eles quanto à apreensão que tinham da imanência como diversidade inanimada, "extensão interna" esperando uma descrição naturalista classificadora. É o interesse da fenomenologia pela intencionalidade que a faz escapar dessa rotina naturalista-taxonômica. A imanência é aproximada pela fenomenologia ao ambiente disto que é a vida, melhor ainda, o ato daquilo que excede a efetividade do fluxo: uma tensão que nele emerge e vale como advento do sentido.

A isso acrescentaremos que, segundo Husserl, as funções do *eu* e do *objeto* são absolutamente dependentes deste "excesso intencional" que freqüenta a imanência. O objeto "resulta" da aparição de pólos noemáticos ao capricho da atividade intencional, enquanto, simetricamente, o eu adquire a estatura decisiva de fator universal de síntese, a cujo título ele conta na e para a imanência. Eis uma frase de *Filosofia primeira* onde esta instituição simétrica é claramente enunciada:

> E, além disso, deve-se ver que paralelamente a este gênero de síntese constantemente dominante, que eleva a unidade e a identidade de tal ou tal coisa para o nível da consciência, e de maneira geral os *objetos* enquanto objetos para um eu, inversamente o próprio *eu* é o índice

---

13. Particularmente em *Krisis* e em *Filosofia primeira*.

de uma síntese *universal* graças à qual toda esta consciência infinitamente variada que é a minha adquire uma unidade universal, não a unidade objetiva, mas a unidade de um *eu*; ou, antes, deve-se ver que por este gênero de síntese o "eu permanente e persistente" desta vida de consciência é sem cessar constituído e elevado para o nível da consciência.[14]

Mas o que agora é dito revela-se extraordinariamente próximo de Kant. Objetos correlatos de sínteses intencionais, sujeito que se identifica à função sintetizadora, isso nos relembra fortemente a analítica transcendental da *Crítica da razão pura*, especialmente a dedução transcendental das categorias, passagem brilhante da filosofia crítica. A proximidade é assumida por Husserl em um ponto essencial, que é preciso destacar para terminar com esta descrição da intencionalidade tal como o discurso husserliano a estabelece: o "empréstimo de sentido" dos momentos noéticos, responsável pela intencionalidade, para Husserl não é apenas aquilo que "desnaturaliza" a consciência; como o anunciávamos na seção precedente, ela é sua *vida transcendental*, aquilo que na imanência corresponde diretamente à investigação transcendental e a justifica.

Se o fluxo dos vividos está constantemente submetido à pressão de uma atividade noética, que faz advir nele formas que perseveram como prescrições, isso significa que o que ele é, ou antes, o modo pelo qual ele se dispõe, está constantemente concernido a uma norma. A fenomenologia transcendental apreende a vida imanente como o que revela a norma à qual ela reenvia enquanto atividade e se atribui como tarefa extrair essa norma em cada caso. A intencionalidade que a cada vez de fato surge

---

14. E. Husserl, *Philosophie première*, vol. 1, op. cit., p. 155-6.

é uma emergência de sentido segundo a qual o fluxo se desnaturaliza e que atesta o governo de uma norma transcendental sobre ele.

O método eidético, pela via da variação imaginária, remonta dos fatos intencionais às *morphés* subjacentes enquanto estruturas reguladoras, eventualmente reconduzindo um fato intencional compósito e hierarquizado ao seu alicerce intencional. Estudar o fluxo colocando-se em busca do empréstimo de sentido que nele tem curso é então a mesma coisa que registrar a função transcendental da intencionalidade e, além disso, em caráter último, construir a fundação transcendental de todo conhecimento. Husserl reinterpreta a tarefa de fundar o conhecimento e as ciências como sendo explicitar as "normas intencionais" que configuram o horizonte objetivo em geral, prescrevendo o acesso aos objetos e a determinação teórica destes.

### 3. Uma olhada nas descrições da análise intencional

Acabaremos este capítulo percorrendo rapidamente as aplicações de seu método feitas por Husserl, propondo uma visão panorâmica dos resultados de seu incansável esforço de restituição intencional.

Já vimos implicitamente que, na base, ele restitui a relação perceptiva que temos com os objetos descrevendo a emergência do noema perceptivo, correlato da *morphé* intencional dos esboços. Dispomos assim da "pedra" fundamental para a explicação transcendental das coisas comuns do mundo: é através dos diversos noemas que as concernem que temos acesso – em um outro estatuto – àquilo que antes da *epoché* compreendíamos como entidades existentes no mundo.

No rastro desta primeira aquisição, a reconstrução intencional pode organizar-se em várias direções.

Uma das orientações de Husserl consiste em descrever esta situação perceptiva de base de maneira mais completa, em suas riquezas insuspeitadas e na sutileza de suas estruturas. Assim, na primeira parte de *Ideen II*[15] ele distingue, para uma coisa qualquer da natureza, os níveis intencionais do *esquema sensível* e da *realidade*: essencialmente, o *esquema sensível* corresponde à síntese intencional das qualidades sensíveis que aparecem – como a cor e a rugosidade – na extensão que elas preenchem, e a *realidade* à posição da coisa enquanto existente dentro de um contexto de coisas, de modo que ela vê seus fenômenos se modificarem ao arbítrio dos respectivos movimentos das coisas, em outros termos, de um sistema causal. Nessa orientação, ele é levado a interessar-se pela relatividade da doação das coisas aos movimentos de nosso corpo: introduz o conceito, extremamente fecundo para a psicologia e a filosofia da percepção ulteriores, de *kinesthése*, ou seja, de uma "atitude motora" que ao mesmo tempo é acolhimento da coisa: Husserl descreve como "o olho percorre os ângulos, as superfícies", ou "a mão desliza sobre objetos tocando-os", como em geral a percepção reenvia a séries de sensações pilotadas pela mobilidade do corpo.[16] Todos esses finos estudos de nossa relação canônica com as coisas externas passa então pela tarefa de pôr em evidência "modos intencionais", eles próprios canônicos.

De uma outra maneira, Husserl tenta compreender a complicação por assim dizer "gramatical" do sistema de objetos e de nossas relações intencionais com eles. Para isso, ele se apóia essencialmente na noção de *noema fundado*. Para dar um exemplo tão simples quanto possível,

---

15. E. Husserl, *Recherches phénoménologiques pour la constitution*, trad. franc. E. Escoubas, Paris, PUF, 1982.
16. Cf. E. Husserl, *Ideen II*, op. cit., § 18, p. 92-5.

se extraio meu contentamento da árvore no jardim que estou percebendo, isto se transcreve fenomenologicamente pelo fato de que às minhas noeses perceptivas se sobrepõem noeses avaliadoras visando, a partir dos mesmos dados hiléticos, o agradável enquanto tal na árvore, além da árvore. *A árvore agradável enquanto tal* é então um noema mais rico, correlato de uma atividade noética mais vasta, cujo desdobramento exige mais dimensões do que a árvore enquanto tal. Todavia, este noema não poderia existir sem o da árvore enquanto tal, sua existência exige a do noema puramente perceptivo em nome de uma lei de essência: na linguagem de Husserl, é isso que é formulado ao se dizer que a árvore agradável enquanto tal está *fundada* na árvore enquanto tal. Não é difícil imaginar o conjunto das "formações noemáticas" que esta noção de fundamento leva a considerar, fazendo entrar em cena, se preciso, encadeamentos intencionais complexos.

Um outro tipo de modificação sistemática dos noemas considerado por Husserl é o das *modificações dóxicas*, e que em parte corresponde ao que é classicamente conhecido como o registro das modalidades. Dado um conteúdo perceptivo – um noema de percepção –, ele é suscetível de ser visado segundo diversos modos de validação: como provável, duvidoso, negado, etc. Pode até mesmo, e isso dá acesso a uma categoria intencional fundamental para Husserl, ser visado com a abstenção de qualquer tipo de validação, de crença: isso é o mesmo que fazer o conteúdo experimentar aquilo que Husserl chama de *modificação de neutralidade*. É aliás a partir dessa "categoria dóxica" que ele pensa e define os modos intencionais do *admitir* e da *imaginação*. Em todos os casos, a interpretação fenomenológica das modificações é que ali se elabora um noema *fundado*, damos estatutos posicionais aos noemas e formamos assim noemas superiores, fundados em noemas mínimos.

O que se desenha a partir dessas possibilidades gerais de promoção dos noemas descritas por Husserl é aquilo que ele mesmo chama de uma *morfologia noemática*. Se o noema fundamental é tributário do contínuo do fluxo dos vividos e só tem sua consistência intencional na medida em que é sustentado por uma *morphé* intencional que precipita o sentido que o sustenta, os noemas fundados para além parecem deixar-se engendrar pelos meios que a linguagem fixou, com suas estruturas exatas. A hierarquia dos noemas fundados parece então discreta e o desdobramento desta hierarquia parece poder ser governado por uma gramática.

Em uma direção diferente, Husserl esforça-se por dar conta, em termos intencionais, da estratificação do ser em camadas, à qual corresponde uma distinção "epistemológica" – no sentido o mais amplo – dos saberes e das competências.

Se o resgate da figura de uma gramática corresponde a um momento essencial de *Ideen I*, o desenrolar sistemático de sua "seqüência" em *Ideen II* responde a essa vontade de colocar os estratos em perspectiva. No curso do livro, a fenomenologia consuma sua "ascensão" ao espiritual: partindo, como o dissemos, da coisa sensível, em seguida ela se eleva à realidade animal, depois à realidade psíquica e ao "mundo da pessoa". A cada etapa corresponde uma maior complexidade e um enriquecimento da intencionalidade. Assim, a realidade animal é obtida quando considero os corpos como animados por uma realidade psíquica. Husserl resgata assim uma figura do *ego psíquico real*, "no qual a alma é *constituída como uma realidade ligada à realidade carnal ou entrelaçada a ela*"[17]: essa entidade é plausivelmente aquela pela qual se interessaria uma psicologia científica moderna,

---

17. Cf. E. Husserl, *Ideen II*, op. cit., p. 140.

integrada às investigações cognitivas. Portanto, seu procedimento deve ser *a priori* distinguido daquele da investigação do fluxo dos vividos enquanto este revela-se a si mesmo, procedimento que mobiliza a competência de uma disciplina nova, ao mesmo tempo científica e filosófica, a fenomenologia: com efeito, esta última considera a coerência própria ao fluxo dos vividos, segundo a qual os vividos ligam-se uns aos outros *sem referência ao corpo*.

Um caso merece uma atenção muito particular, ao mesmo tempo em razão da importância que ele adquire no sistema de Husserl e do papel que teve na crítica e no comentário da fenomenologia husserliana após Husserl: é aquele de outrem. Nas *Meditações cartesianas*, particularmente na quinta meditação, Husserl traz o esclarecimento da fenomenologia transcendental sobre o sentido que originariamente possuem para nós as entidades do tipo "outrem".

Ele dá uma resposta simples e fascinante a esta questão fenomenológica decisiva. Como sempre quando se trata de descrever a síntese doadora de uma classe de entidades freqüentadas por nós, a via fenomenológica consiste em uma espécie de reconstituição policial do arrombamento originário ao qual devemos essa freqüentação. Como vimos, o que a distingue de uma simples repetição anedótica é que ela pode colocar-se sob o signo da essência. Para seguir a experiência de pensamento à qual ele nos convida, Husserl começa por nos pedir que subtraiamos de nosso campo fenomenal tudo aquilo que provém de qualquer sujeito estranho: em nossa experiência, tomada tal como ela se dá, figuram alguns *alter ego* com os quais estabelecemos relações de cooperação, com os quais em particular partilhamos um mundo, e nossos fenômenos de qualquer coisa trazem (consideravelmente) a marca dessa partilha. Uma vez efetuada a *epoché*, do interior da redução permanecemos capazes de proceder a esta abstração: basta-nos rejeitar tudo aquilo que "noematicamente" contém o índice de qualquer outrem. O que subsiste então é um campo fenomenológico restrito, muito diferente daquele que podemos refletir como ordinariamente o nosso, e que Husserl designa com o nome de "esfera própria de pertença".

A experiência de pensamento prossegue considerando a apresentação a uma tal esfera (a minha esfera própria de pertença) de um *alter ego*. De modo claro, primitivamente este se dá a mim como um corpo, como uma entidade carnal no mundo. Todavia, esta entidade carnal tem os mesmos fenômenos que o meu corpo, em suas manifestações, particularmente de motricidade, posso notar e experimentar toda espécie de semelhança entre o corpo de outrem e o meu. O corpo de outrem se comporta exatamente como um corpo animado pela vida consciente de um eu (por uma interioridade *egológica*), noção da qual tenho o protótipo na minha esfera própria de pertença, se levar em consideração os fenômenos de meu corpo e suas ligações sistemáticas com minhas percepções, meus pensamentos e meus movimentos.

Para Husserl, resta concluir que este comparecimento de uma entidade carnal similar ao meu corpo próprio em seu ser e em suas aventuras é – segundo seus termos – uma *apresentação* de um outro ego, em todos os pontos semelhante a mim: ele mesmo centro de um campo fenomenal – de um fluxo heraclitiano de vividos – onde opera a síntese intencional a fim de constituir um mundo. Graças a uma espécie de articulação primordial, quando o envelope carnal de outrem se apresenta a mim, é o "conteúdo egológico" de outrem que, se bem que ausente, se *a*-presenta.

Assim concebida, a apresentação parece uma pura conjectura. Com efeito, em *Filosofia primeira* Husserl a descreve como uma intenção *interpretadora*.[18] Em todo caso, ela é uma apresentação *in absentia*, ou seja, em primeiro exame, um paradoxo. Mas não se deve entendê-la assim, é preciso aceitar que a imputação de uma profundidade egológica ao corpo próprio de outrem, de um lugar de fenomenalização idêntico ao meu, brota necessariamente e vale como evidência doadora. Husserl insiste bastante no fato de que em nossa experiência esta imputação não sobrevém como um raciocínio, e que aquilo que vemos propriamente falando é "outrem encolerizado" e não um corpo agitado do qual inferimos secundariamente que ele manifesta o humor ruim de um sujeito.

Em matéria de outrem, o que constitui lei é a *apresentação*, assim como, em matéria de passado, o que constitui lei é a *retenção*. Tudo isso podemos concluí-lo normativamente em nome do método da variação eidética, ao qual todo o procedimento fenomenológico sempre se refere implicitamente: qualquer modificação em um ponto significativo das características do "encontro" com outrem descrito por Husserl destruiria a doação de outrem. Para designar a maneira pela qual recebemos a manifestação de outrem como expressão de uma interioridade egológica, Husserl utiliza o sugestivo termo alemão *Einfühlung*, que habitualmente se traduz, de maneira muito bela, por *intropatia*.

Como não é de se espantar, para além dessa restituição intencional de nossa relação com outrem, Husserl aborda o problema da intersubjetividade transcendental. Com efeito, uma vez que eu solenemente acolhi, no círculo das entidades trazidas pela síntese intencional, esferas subjetivas, centros de fenomenalização em tudo semelhantes ao fluxo dos vividos que eu sou, uma multiplicidade de

---

18. E. Husserl, Uma *"percepção por interpretação originária"*; cf. *Philosophie première*, vol. 2, op. cit., p. 87-8.

"mônadas" (no caso, Husserl retoma de Leibniz o termo-chave de sua metafísica[19] em razão de uma analogia evidente da descrição) projetando o mundo exatamente como eu o faço, quando posso conceber no interior da *epoché*, quer dizer, apoiando-me no campo de meus fenômenos, a colaboração intencional das diversas mônadas para a constituição de um mundo que seja o mesmo para todos: basta-me descrever os procedimentos em comum de validação das experiências tais como cada um os conhece; eles fazem sentido em meu universo intencional reconstruído, visto que com as mônadas disponho do material necessário para descrevê-los.

De fato, sempre seguindo o método da variação eidética, consigo saber *a priori* quais são os modos de acesso às coisas normativamente comuns, por qual sistema concordante de dados intencionais monádicos – por qual intencionalidade intermonádica – se traduz a disponibilidade de uma coisa em e para uma intersubjetividade. Dessa maneira, sobre a camada dos arranjos intencionais *internos* que têm valor normativo para a doação e o conhecimento das coisas, Husserl ordena uma camada de arranjos intencionais *coletivos* que têm um valor semelhante: um transcendental da esfera intermonádica se sobrepõe ao transcendental da consciência individual isolada – transcendental *solipsista* – explorado em primeiro lugar.

Mas o verdadeiro transcendental, pelo menos aquele que é o suporte direto da construção científica, aquele que governa imediatamente o conhecimento cientificamente válido do mundo, é este "novo" transcendental da esfera intermonádica, mais que o transcendental primitivo

---

19. Exposta no celebérrimo opúsculo de 1714, justamente intitulado *Monadologia*; cf., por exemplo, a edição feita sob a direção de A. Robinet: *Monado 74*, Paris, Vrin, 1974.

introduzido em primeiro lugar (aquele que qualifica não importa qual de minhas sínteses intencionais a partir do momento em que a reconheço, por meio da variação eidética, como tendo um valor normativo, não importa qual "empréstimo de sentido" canônico detectado em mim pela análise intencional).

Todavia, por outro lado, o transcendental primitivo permanece aquilo que garante em caráter último o transcendental intermonádico, espécie de camada fenomenológica que reitera e anuncia a ciência, em uma precessão imediata. Tudo o que sei sobre a normatividade do transcendental intermonádico, eu o sei desde a normatividade experimentada no plano da mônada que eu sou, no plano interno, quando imagino a montagem intersubjetiva das intencionalidades e quando, variando essa imaginação, me defronto com os modos canônicos dessa montagem. Já se contestou muito Husserl sobre este ponto, julgando que este dispositivo de um transcendental com dois estratos, de dignidade desigual, não era coerente. O que quer que seja, é pelo menos claro que esse dispositivo é necessário no quadro das premissas da investigação fenomenológica até aqui salientadas.

Não falaremos mais sobre a restituição intencional, à qual, todavia, uma obra mais completa ainda poderia consagrar longas páginas. Seria preciso falar, por exemplo, sobre a maneira pela qual Husserl descreve a constituição do corpo próprio ou da carne, ou ainda sobre as tentativas husserlianas de propor uma constituição fenomenológica do espaço, ou sobre as indicações que nos são dadas, na conferência "A origem da geometria", a respeito do tipo originário de nossa relação com a *história*. Seria preciso evocar a problemática tardia do "mundo da vida" e perguntar se ela muda alguma coisa na concepção da emergência intencional há pouco exposta. No fundo, seria preciso percorrer a obra husserliana em sua integralidade, visto que Husserl, uma vez passado o primeiro período de sua maturação, não fez outra coisa senão desenvolver análises intencionais.

Subtraindo-nos nesta pequena monografia a uma tal exigência de completude, em nome do objetivo específico ao qual estamos ligados, para concluir este capítulo diremos simplesmente que em Husserl a intencionalidade evidentemente possui dois regimes.

Em primeiro lugar há a restituição intencional intramonádica da coisa perceptiva, onde vemos que de alguma maneira a intencionalidade começa com uma *morphé* intencional, que se produz sobre o fundo do contínuo do fluxo dos vividos. Essa emergência intencional primitiva depende a tal ponto do contínuo do fluxo, que sua modalidade de base só pode enunciar-se em termos de uma noção morfológica que pressupõe ela mesma o fluxo e seu contínuo.

Há em seguida a restituição intencional das entidades "segundas", das quais designamos toda espécie de exemplos, dos noemas axiológicos fundados nos fatos de história, passando por outrem. Para essas sínteses intencionais, a cada vez Husserl se dá uma base perceptiva para a qual operou a emergência intencional primitiva, e sobre esta base descreve uma "extrapolação" intencional que obedece a outros princípios: por exemplo, princípios formais de complicação "gramatical" dos noemas, ou um princípio "interpretador" de imputação de uma interioridade egológica. Em resumo, se algo salta aos olhos, é que a intencionalidade se multiplica, forma sistema, se enriquece elaborando-se a si mesma por vias numerosas e diversas.

Neste estágio do exame, e sem prejulgar sobre tudo o que se poderia ter para dizer de mais fino e mais radical sobre esse problema da pluralidade irredutível dos modos intencionais em Husserl, em todo caso podemos tirar a lição de que a função à qual, segundo ele, devemos toda entidade que freqüentamos, nosso mundo e sua diversidade, é uma função infinitamente inteligente, da qual Husserl postula que ela manifesta adequadamente essa inteligência ao mesmo tempo no registro primitivo da percepção e nos registros superiores onde se consuma a espiritualidade humana.

# 3
# Uma certa idéia da lógica...
# e da ética

Primeiramente Husserl foi matemático, sua posição universitária inicial foi a de "assistente" de Weierstrass[1], e sua dissertação de doutorado versava sobre o cálculo das variações. Não há nada de espantoso, portanto, que em sua primeira obra substancial, *Filosofia da aritmética*, ele tente dar razão àquilo que para o matemático são seus objetos presumivelmente os mais simples e primitivos, os números inteiros naturais (0, 1, 2, 3, ... *e assim por diante*).[2] O que é procurado parece ser um estatuto dos números inteiros que todo matemático deveria reconhecer em si mesmo, graças a uma simples introspecção, aceitando a lição de uma consideração honesta de seus pensamentos e comportamentos. A fenomenologia transcendental ainda não havia nascido quando esse primeiro livro foi publicado em 1895, e a posição que ali é sustentada será criticada pelo próprio Husserl desde a obra maior de seu primeiro período, as *Investigações lógicas*.

Nesse longo texto fundamental, Husserl desenvolve algo que já se assemelha mais à fenomenologia madura

---

1. Weierstrass, cujo nome já mencionamos no começo do primeiro capítulo, foi um dos pais fundadores da análise matemática moderna.
2. Mas Husserl não reconhece imediatamente 1 e 0 como números; cf. *Philosophie de l'arithmétique*, trad. franc. J. English, Paris, PUF, 1972, p. 156-62.

em sua "grande época": trata-se de uma elaboração filosófica radical, que analisa os problemas em sua maior generalidade, e isso em um estilo original e rigoroso. Todavia, esse desenvolvimento se distingue da fenomenologia ulterior por situar-se sob a rubrica da lógica. Nessa etapa, Husserl critica então sua perspectiva na *Filosofia da aritmética* como culpada do delito de *psicologismo*: o delito que consiste em acreditar ser possível explicar a cientificidade lógico-matemática pela psicologia daqueles que a elaboram.

Grosseiramente, Husserl efetivamente partiu de sua familiaridade com as matemáticas e seus objetos – *a posteriori* avaliada por ele como o que o conduziu a uma posição psicologista – para só chegar à doutrina *fenomenológica* após ter passado por um momento *lógico*, por um momento onde seu filosofar era inseparável do tema, da ambição e dos problemas da disciplina lógica.

Poder-se-ia acreditar que esse percurso é apenas um sintoma da formação matemática de Husserl, que ele é um começo contingente para um pensamento no final das contas independente de tais circunstâncias. Não é nada disso, pelo menos segundo nosso ponto de vista. Se lançarmos um olhar recapitulador na série de livros escritos por Husserl, constatamos, além disso, que ali nunca se desmente o interesse pela lógica, pelas matemáticas e mais geralmente pelas ciências exatas. *Lógica formal e lógica transcendental*[3] é um texto tardio do segundo período de Husserl, o da fenomenologia transcendental canônica, e ali Husserl retorna às questões lógicas para aprofundar consideravelmente sua visão e suas teses. O texto de 1936, *A origem da geometria*[4], que figura

---

3. E. Husserl, *Logique formelle et logique transcendentale*, trad. franc. S. Bachelard, Paris, PUF, 1957.
4. Trad. franc. e introdução J. Derrida, Paris, PUF, 1962.

entre os materiais reunidos na obra intitulada *Krisis*, testemunha que em seu terceiro período, onde os temas do mundo da vida e da historicidade tinham adquirido importância, Husserl continuava a se preocupar em compreender filosoficamente as matemáticas e seu destino. Enfim, a obra *Experiência e juízo*[5], da qual originalmente *Lógica formal e lógica transcendental* devia ser a simples introdução, e que finalmente foi "preparada" a título póstumo por Landgrebe, ao final de uma longa colaboração com Husserl e conforme às suas indicações, testemunha a riqueza e a persistência das reflexões de Husserl sobre a lógica.

Na verdade, é preciso ir além dessas razões historiográficas. Husserl deu um estímulo decisivo e inovador à lógica como figura filosófica, e este é um aspecto essencial de sua obra e de seu pensamento. O tratamento dos assuntos lógicos por Husserl é uma das vias segundo as quais ele nos exprime a quintessência de seu procedimento. Assim, tentaremos dar uma idéia de sua contribuição nesse domínio.

## 1. Uma lógica ilimitada

A primeira coisa a se dizer é que Husserl teve a idéia de uma generalização considerável do motivo lógico. A nosso ver, de certo modo ele inventou a lógica filosófica moderna tanto quanto Frege.[6] São os volumes de suas *Investigações lógicas* que testemunham isso. Partindo da

---

5. *Expérience et jugement*, trad. franc. D. Souches-Dagues, Paris, PUF, 1970.
6. Frege (1848-1925), que foi professor de matemáticas na Universidade de Iena, é conhecido por ter proposto, em seu opúsculo *Begriffschrift*, de 1879, o primeiro sistema simbólico que se assemelha à nossa atual lógica dos predicados de primeira ordem, e por ter de algum modo "inventado" a filosofia analítica em seus escritos lógico-filosóficos.

longa refutação do "psicologismo" à qual é consagrado o primeiro volume – os *Prolegômenos à lógica pura* –, Husserl chega à conclusão de que todas as considerações sobre os acontecimentos psíquicos que nossos comportamentos lógicos atualizam, compreendidas aí as considerações sobre as leis "psicofísicas" que governariam esses acontecimentos, perdem o objeto próprio da lógica, que é sempre a idealidade que esses acontecimentos apresentam – da qual eles são as ocorrências – ou a necessidade pura de certas conexões entre idealidades dessa espécie.

Para ele resulta daí que o campo da lógica é em geral aquele do "direito ideal": em todas as partes a experiência humana reenvia a idealidades, essências das quais aquilo que ocorre é uma instanciação, e a lógica é a disciplina que nos ensina a conhecer e reconhecer essas idealidades, a classificá-las, distingui-las, a enunciar *a priori* suas relações. Portanto, ela não está confinada ao papel de *canon* da argumentação ou de anexo do empreendimento matemático.

De fato, Husserl desenvolve um discurso de lógica filosófica em pelo menos três dimensões absolutamente novas: a mereologia, a teoria da significação e a "fenomenologia", esta ainda não estando compreendida sob este nome e aparecendo de alguma maneira como uma figura premonitória.

## A *mereologia*

Tal é o nome que usualmente se dá à teoria formal dos conceitos de *todo* e de *parte*. Husserl trata dela na terceira de suas "investigações lógicas". Ele procura formular definições absolutamente gerais de diversas espécies de todo, de parte, e até mesmo esboçar certas leis formais que regem a construção dos "todos". Seu empreendimento aproxima-se espontaneamente do estilo dedutivo-simbólico contemporâneo: nós o vemos enunciar teoremas, utilizar letras gregas para designar entidades genéricas. Além disso, ela conheceu uma posteridade técnica: após Husserl, pessoas como Lesniewski ou Goodman fundaram verdadeiramente a mereologia enquanto formalismo particular, rival do formalismo conjuntista pelo fato de adotar como relação fundamental a relação "é uma parte de" em vez da relação "é um elemento de" (o ε da teoria dos conjuntos).[7]

Isso sendo dito, a mereologia husserliana é inteiramente fundada em uma distinção que conta para toda a sua filosofia: a distinção entre *momento* e *fragmento*, entre parte dependente e parte independente.

Para Husserl, é uma *parte* de uma entidade tudo aquilo que é "dado" nessa entidade, é nela discernível. Essa noção ampla permite considerar espécies de partes diferentes daquelas em que o senso comum parece unicamente pensar: a extensão tridimensional ocupada pelo gato que está diante de meus olhos é uma parte desse gato, porque ela é manifestamente dada com o gato, ela lhe é imputável a partir do momento em que estamos na presença dele. Na verdade, Husserl afirma, mais geralmente, que qualquer predicado não relativo recorta uma parte em qualquer entidade: se meu gato é, por exemplo, amarelo, há uma parte dele que é o amarelo desse gato (a coloração amarela – com a sua nuança – distribuída na superfície onde ela se distribui, que qualifica esse gato como amarelo e que nos é dada com e pela doação do próprio gato). Compreende-se que se meu gato é o dobro (em volume, digamos) de um pequeno rato que ele persegue, isso em compensação não determina uma parte dele que seria sua "duplicação-de-rato": a relatividade

---

7. Cf. B. Smith (ed.), *Parts and Moments*, Munique, Philosophia Verlag, 1982, p. 55-60.

da relação designada por *dobro* faz com que esta propriedade "não habite" o gato, não emane dele como dada *nele*; donde a exclusão dos predicados relativos.

Freqüentando assim os exemplos um pouco inconvenientes que Husserl considera, vemos muito bem a quais exemplos canônicos da noção de parte eles se opõem: aqueles onde o todo é um verdadeiro agregado, obtido reunindo uma coleção de componentes autônomos. Assim, meu *duffle coat* é uma parte de meu guarda-roupa, e obtém-se meu guarda-roupa reunindo os itens de uma série onde também figuram minha camisa rosa, meu paletó laranja e minha calça de veludo cinza. Normalmente esses itens estão, além disso, concentrados fisicamente em uma região de cabides e em algumas gavetas de cômoda. A questão lógico-filosófica é então a de saber o que distingue, como espécies de partes, o amarelo do gato e meu *duffle coat* em meu guarda-roupa.

Notamos que a diferença reside no fato de que meu *duffle coat* é "destacável" do todo de meu guarda-roupa (por exemplo, meu melhor amigo poderia tomá-lo emprestado), ao passo que o amarelo do gato cola no gato, está fixado nele por um adesivo ontológico a toda prova.

Husserl efetivamente distingue entre partes independentes e partes dependentes, e formula o critério de independência da seguinte maneira: uma parte é independente se posso modificar imaginariamente aquilo que constitui a sua circunvizinhança de doação, a saber, em primeiro lugar o "resto" da parte no todo – não importa qual outra parte – sem que essa modificação afete a parte que considero, sem que o indivíduo que ela é seja alterado.

Assim, em uma mão de *bridge*, se considero minhas cartas com ♠ (A-D-9-5-3), posso modificar imaginariamente o resto de minha mão (construir mãos com duas chicanas ou mãos regulares, tomar cartas de um outro jogo, imaginar que as oito outras cartas queimam) sem que nenhuma dessas modificações mude o que quer que seja no componente ♠ de meu jogo. Quando um todo é um agregado clássico, normalmente a independência das partes é imediatamente obtida, porque as outras partes são espacialmente distintas e a modificação imaginária destas tem lugar "alhures": cada uma está imediatamente "destacada", o que quer dizer, no plano ontológico, protegida das outras partes e da circunvizinhança, sem o que não poderíamos ver o todo como todo e como agregado *dessas* partes.

No caso do amarelo do gato, em compensação, se modifico imaginariamente a extensão volumosa ocupada pelo gato, o que é uma *outra* parte, meu "amarelo do gato", não permanece ileso: o indivíduo que é esse amarelo muda, porque a superfície de distribuição do amarelo conta na individuação de um amarelo. O "amarelo do gato" não é, portanto, uma parte independente do gato, nós a chamaremos antes de parte dependente. Husserl utiliza deliberadamente as expressões mais pesadas e figuradas *fragmento* e *momento* para nomear, respectivamente, as partes independentes e as partes dependentes. Meu *duffle coat* ou minhas cartas com ♠ são, portanto, *fragmentos* de meu guarda-roupa ou de minha mão, enquanto o amarelo do gato é um *momento* do gato, o seu momento cromático.

Resta compreender que a "modificação imaginária" da qual Husserl aqui fala é uma primeira apresentação de sua variação eidética, ela é o método de detecção de uma conexão *essencial*. O que se trata de saber variando as outras partes é se a parte que mantemos fixa é alterada ou mantém-se ilesa *por razões de essência*. É assim no caso de um agregado clássico porque as outras partes foram *postas como "alhures"* – *justa*-postas – e o aspecto essencial da individuação destas proíbe que suas modificações – no plano da essência das coisas – ecoem na parte fixada.⁸ Do mesmo modo, no caso do amarelo do gato a "dependência" do indivíduo "amarelo do gato" face à extensão colorida é essencial, ela faz parte daquilo que necessariamente compreendemos sobre a noção de cor estendida em um suporte.

Um último exemplo ilustrará melhor que o "critério" de Husserl invoca conexões essenciais. Que seja o caso da parte de um cavalo que é a sua cabeça. Ela é independente ou dependente? Seríamos tentados a responder que a parte é dependente porque se anulo imaginariamente o tronco e as patas deste pobre cavalo crio condições em que ele não poderia sobreviver. Todavia, este raciocínio não é aceitável na esfera em que Husserl se situa, porque ele invoca a causalidade biológica. Pois devemos nos ater às conexões de essência, àquelas que percebemos *a priori* e que estão ligadas à maneira pela qual compreendemos e colocamos as coisas. Em um certo nível primitivo de nosso conceber, a cabeça do cavalo subsiste sem problema, tal como a tínhamos colocado, uma vez anulado o resto do cavalo: os modos e os canais da organicidade são uma informação secundária, adquirida pelo jogo da ciência e da experiência, e não entram nas imaginações de que aqui se trata.

Portanto, a mereologia husserliana tem como artigo de base a distinção de princípio entre momento e fragmento. Essa distinção descoberta enquanto distinção lógica, no quadro das "investigações lógicas", exibe de várias maneiras a sua importância no curso ulterior da fenomenologia.

Em primeiro lugar, como acabamos de dizê-lo, o critério de detecção que distingue momentos e fragmentos "já" reenvia à penetração no *eidos* pela via da imaginação, que

---

8. A justaposição também pode ter lugar na ordem temporal: assim, as notas de uma melodia são seus fragmentos.

será entronizada como a via metodológica por excelência da fenomenologia transcendental.

Em seguida, quando Husserl descreve o fluxo dos vividos, do qual assinalamos a importância fundamental no decorrer do primeiro capítulo, ele sempre insiste no fato de que o fluxo tem fragmentos e momentos, que comporta uma imbricação extensional (sua disposição temporal) que dá lugar a fragmentos (os quais, todavia, se recobrem e se fundem em suas margens) e uma imbricação de alguma maneira "metafísica", que dá lugar a momentos (assim, o esboço do amarelo do gato é, enquanto vivido, um momento do esboço do gato amarelo). Husserl utiliza livremente a sua terminologia – essencialmente a palavra *momento* – sem voltar à sua doutrina mereológica, mas tudo indica que ela está pressuposta. Um caso particular impossível de se negligenciar é o dos componentes de "sentido" que, segundo Husserl, são encerrados pelos vividos, como nós o vimos no capítulo precedente referindo-nos a *Ideen I*: eles são denominados *momentos* – assim, Husserl fala dos *momentos noéticos* do fluxo –, o que nos ensina que as noeses não são componentes destacáveis, o aporte de sentido no vivido não se deixa cercar como um vulgar pedaço. Dos *momentos noéticos*, correlatos desses aportes de sentido, Husserl chega até a dizer que eles são componentes *não reais*: dados no fluxo – pelos momentos noéticos – nele discerníveis e portanto *partes* desse fluxo no sentido amplo que ele definiu, mas afastados da realidade do fluxo pela própria flecha do sentido. Portanto, o esboço do amarelo do gato é um momento real, uma parte não destacável que entra na realidade do "conteúdo" de consciência da percepção do gato amarelo, o momento noético que anima esse esboço e o faz convergir com outros também é um momento real, enquanto ato imanente ao fluxo, mas o amarelo-do-gato-enquanto-tal correlativo é em compensação um "momento não-real", uma parte não destacável mas também em certo sentido não reatável. A sutileza da teoria husserliana da intencionalidade passa por sua "mereologia".

## A teoria da significação

Além disso, vamos reencontrar a mereologia husserliana e sua distinção de base nesta segunda porta da generalização filosófica da lógica que podemos atribuir a Husserl: o esboço de uma filosofia da linguagem de inspiração lógica. Com efeito, nas *Investigações lógicas*, Husserl descreve no seu princípio o que ele já chama de *morfologia pura das significações*: uma teoria geral, *a priori*, do modo pelo qual as expressões dotadas de significação se reúnem para formar expressões significativas mais amplas. Bem entendido, o importante é antes de tudo que, para ele, uma tal descrição depende da lógica. Segundo uma certa concepção estreita e tradicional, a lógica se interessaria unicamente pelo cálculo da verdade e pela inferência demonstrativa, e só encontraria a questão da linguagem pelo viés dos modos como nesta se formula e se inscreve aquilo que concerne à verdade ou à dedução. Assim, a silogística clássica, herdada de Aristóteles, permite descrever certos raciocínios típicos segundo suas formas e determinar se eles são válidos ou não, mas ela não é sustentada por uma teoria da linguagem e da significação, tudo se passa como se nosso discurso apenas *acolhesse* nele as formas que essa silogística descreve. Para Husserl, ao contrário, a significação *como tal* é uma questão da qual a lógica se encarrega; particularmente, ele compreende a lógica como uma teoria *a priori* do *logos* e das condições sob as quais este dá lugar a frases que trazem uma pretensão de verdade, o que para ele também quer dizer uma teoria da significação.

Essa teoria da significação, Husserl a apresenta então como uma teoria dos modos sistemáticos de construção de expressões significativas autorizadas pela língua: assim, quando S e P são proposições – por exemplo, S é a proposição "O tempo está bom" e P a proposição "sinto frio" –, S *e* P é uma nova proposição – no exemplo, a proposição insólita "O tempo está bom e sinto frio"; quando S e P são adjetivos – por exemplo, S é o adjetivo "pequeno" e P é o adjetivo "delgado" –, S *e* P é um novo adjetivo – no exemplo, o adjetivo "pequeno e delgado", que novamente significa uma qualidade de indivíduo, aliás suscetível de ser dicionarizada por "miúdo". Temos a impressão de que, se sistematizarmos a descrição formal da linguagem assim esboçada, encontraremos a "estrutura lógica" dos enunciados evidenciada por sua tradução na linguagem da lógica dos predicados de primeira ordem, como podemos exprimi-lo em termos contemporâneos.[9]

A *morfologia pura das significações* reagruparia assim o conjunto das regras de construção da significação que tornam essa construção análoga à fabricação de um enunciado da linguagem dos predicados de primeira ordem. Para dizer isso no estilo "cognitivo" atual: Husserl teria identificado antecipadamente uma espécie de "linguagem do pensamento" (um *mental*-ês, ou linguagem do mental, como o dizem hoje em dia – em inglês – os especialistas em questões cognitivas) em cujo âmbito

---

9. A lógica dos predicados de primeira ordem estuda as frases que podemos formar com os conectores lógicos *e* (∧), *ou* (∨), *implica* (→), *equivale* (↔) e *não* (¬), e os quantificadores *qualquer* (∀) e *existe* (∃), a estrutura de base de toda frase sendo a predicação "generalizada": a afirmação de que uma relação vale para *n* objetos. Ela descreve a maneira pela qual tais frases podem ser satisfeitas em um mundo e os jogos dedutivos que podemos jogar com elas. No apanhado que damos da morfologia husserliana no corpo do texto vê-se que intervém o conector *e*, e que é mobilizada a categoria de *adjetivo*, que contribui para a predicação na língua.

se reúne a significação e que seria um idioma da linguagem da lógica dos predicados de primeira ordem.

Coloca-se, todavia, a questão do fundamento da estruturação do sentido, assim sugerida, mais do que exibida. A "gramática pura das significações", da qual a lógica teria então o encargo de resgatar as operações fundamentais, pressupõe efetivamente, nas regras de reunião, as categorias gramaticais que intervêm nessas operações: é assim com as categorias de *proposição* e de *adjetivo*, nos dois exemplos dados há pouco. A morfologia pura das significações é, pois, inseparável de uma análise do discurso em seus constituintes fundamentais, análise que resgata as categorias pertinentes para esta morfologia.

Temos razões em pensar que, para Husserl, o recurso fundamental dessa análise deveria ser, novamente, a noção mereológica de parte dependente, de *momento*. Com efeito, no início da quarta investigação lógica, retomando a distinção clássica, que remonta à escolástica, entre contribuição *categoremática* e contribuição *sincategoremática* para a significação[10], ele a esclarece pela noção, aos seus olhos mais fundamental, de fato de significação *dependente* ou *independente*: segundo sua análise, os *nomes* são as expressões categoremáticas de *representações* – quer dizer, os elementos independentes em torno dos quais se organiza o grupo nominal – e os *enunciados* são as expressões

---

10. Etimologicamente, *sincategoremático* significa essencialmente "o que fala *com*" e *categoremático*, por contraste, "o que fala *só*". Um exemplo esclarecedor é aquele da diferença entre certos empregos do adjetivo anteposto (*um grande homem*) face ao emprego correspondente do adjetivo posposto (*um homem grande*): um *homem grande* é exatamente uma entidade ao mesmo tempo *homem* e *grande* (significação *categoremática*), enquanto *grande homem* é outra coisa, resultante da interação semântica entre *homem* e *grande* (significação *sincategoremática*). Na lingüística contemporânea, *sincategoremático* é utilizado para qualificar a significação de termos claramente relacionais, como os advérbios.

categoremáticas de *juízos* – quer dizer, os constituintes independentes da asserção complexa. Nesta linha, podemos imaginar que, analisando como certas ocorrências precisam de outras ocorrências para ser atestadas, resgatamos as categorias de base da gramática de maneira racionalmente justificada (assim, um adjetivo tem como traço típico a necessidade de um nome ou de um pronome ao qual ele se relaciona, e não temos dificuldade em conceber que as categorias clássicas da gramática são todas ligadas por relações dessa espécie, que coletivamente determinam a especificidade de cada uma).

Mas se atribuímos uma tal importância à noção de significação dependente ou independente em Husserl, somos levados a ver nele o ancestral do estruturalismo lingüístico: a tese segundo a qual a significação é *diferencial*, reside no sistema das relações em vez de emanar da potência intrínseca de cada constituinte – tese típica do estruturalismo –, procede de um "ponto de vista da dependência". Com efeito, essas relações são conquistadas por uma análise dos *corpora* que estuda como o efeito global de significação varia ao sabor das diversas comutações de termos, análise que permite resgatar invariantes, classes de semelhança e subordinações, à luz do modo pelo qual cada elemento depende de cada outro e a significação de conjunto de uns e de outros. Aliás, Hjelmslev[11] enuncia o *princípio de análise*: "o objeto examinado, assim como suas partes, só existem em virtude dessas relações ou dessas dependências".[12] Em sua obra *Parts and Moments*, de 1982, Mulligan, Smith e Simons deram argumentos historiográficos que elevam essa continuidade entre Husserl e

---

11. Louis Hjelmslev (1899-1965), fundador do círculo lingüístico de Copenhague e iniciador da escola da glossemática, é um dos teóricos da linguagem mais representativos do movimento estruturalista.
12. L. Hjelmslev, *Prolégomènes à une théorie du langage*, Paris, Minuit, 1968-1971, p. 36.

o estruturalismo ao estatuto de uma genealogia: ao que parece Jakobson e, mais geralmente, os círculos lingüísticos de Praga e de Moscou foram influenciados pelas *Investigações lógicas* de Husserl.[13]

## Lógica fenomenológica

As questões da consciência, da intencionalidade, a análise das representações, da matéria e qualidade destas, e daquilo que faz com que um ato confira significação, questões todas que formam a trama da fenomenologia madura, também são abordadas na quinta e na sexta "investigações lógicas". Assim, tudo o que chamamos até aqui de *análise intencional* já é levado em conta, tratado uma primeira vez como rubrica da lógica "ampla" de Husserl. Com efeito, aquilo de que se trata nas questões citadas é sempre a maneira pela qual *entidades* e *atos* entretêm uma correlação sistemática. A passagem particularmente célebre onde, na sexta investigação lógica, Husserl explica que *deve* haver uma intuição dos conteúdos categoriais como contrapartida à contribuição sincategoremática para a significação desses conteúdos, é uma aplicação exemplar e fascinante desta "lógica da correlação"[14]: se a pequena palavra *e* assinala um modo de organização de nossas frases – que para Husserl exprime essencialmente uma estruturação de nossas "intenções de significação", da máquina de visar encarnada e testemunhada pelo sistema da linguagem –, segundo o raciocínio de Husserl a mesma pequena palavra *e* deve simetricamente ser intuída em sua função associativa, ao mesmo

---

13. Cf. B. Smith (ed.), *Parts and Moments,* op. cit., p. 61-5.
14. Cf. investigação lógica nº 6, seção 2, cap. VI, especialmente § 45; E. Husserl, *Recherches logiques,* trad. H. Elie, L. Kelkel e R. Schérer, Paris, PUF, 1963, vol. 3, p. 159-99, especialmente p. 174-7.

tempo que os conteúdos perceptivos particulares com os quais essa função compõe um estado de coisa. Quando a frase nominal "o gato e o capacho" recebe como preenchimento a intuição perceptiva de um gato e de um capacho, essa dupla intuição necessariamente suporta uma intuição da articulação associativa enquanto tal, em suma, do esquema categorial da associação sensível.

O que equivale a dizer que para Husserl, em um primeiro momento, a consideração das estruturas da consciência ou, mais exatamente, das estruturas da correlação, é exigível enquanto capítulo da "lógica geral" que ele inventa e funda. Não encontramos nele a tentativa de formalizar essa análise universal da consciência em sua organização intencional, mas a possibilidade assim esboçada de conceber a descrição fenomenológica como o discurso de uma espécie de infralógica, pressuposta por todos os estratos superiores da lógica, não será nunca, ao que nos parece, absolutamente conjurada por Husserl.

Portanto, tudo o que acaba de ser dito deveria ser debitado na conta de um primeiro tema: aquele da generalização, em todas as direções, do propósito da lógica, trazida por Husserl em suas *Investigações lógicas*. Era importante começar por assinalar este ponto, que imediatamente instrui sobre toda a diferença que existe entre o uso husserliano da lógica e um uso técnico, matemático ou epistemológico.

## 2. *Lógica, matemáticas e fundamentos*

Todavia, não se deveria concluir disso que Husserl se absteve de contribuir para a profunda reflexão lógica das matemáticas da qual o século XX foi teatro, e que faz parte de sua história filosófica. Com efeito, ocorre que aquilo que foi chamado de *crise dos fundamentos*, designando com isso o conjunto das dificuldades racionais ligadas à reconversão do discurso matemático como discurso sobre os *conjuntos* e o debate metodológico subseqüente, que deram origem ao formalismo contemporâneo, desde o início tiveram a lógica simbólica contemporânea como lugar natural de inscrição. Sem dúvida, por um lado essa lógica desenvolveu-se para responder às necessidades da crise e do debate: assim, a *teoria da demonstração* provém do esforço hilbertiano para definir uma deontologia formalista.[15] Mas de qualquer forma a lógica estava lá desde o início, por um lado, fornecendo o quadro de exposição dos problemas, por outro, aumentando-os, acrescentando-lhes o problema de compreender por que ela permitia, pela via de sua formalização, traduzir ou exprimir todas as dificuldades: o que hoje em dia chamamos de investigação dos fundamentos é também uma pesquisa que consigna o fato de que a lógica se apresenta com sucesso na evidência formal, e portanto só contribui para o esclarecimento das questões de fundamentos concernentes às matemáticas tornando-se ela mesma um tema possível de interrogação de fundamentos, em um sentido mais primitivo e filosófico da palavra.

Husserl estava profundamente ligado, ao mesmo tempo por sua formação e pela tendência natural de seu interesse, à emergência dessa configuração de pensamento que, de perto ou de longe, influenciou os trabalhos de

---

15. Hilbert (1862-1943), matemático alemão, explicou claramente como as frases da matemática podiam ser traduzidas em uma língua formal e a atividade demonstrativa codificada como jogo dedutivo formal sobre as frases nessa língua. Certas frases formais exprimem estados de coisas matemáticos dos quais podemos ter uma intuição, outras não. Se o sistema dedutivo formal é incapaz de levar a uma contradição, essa disparidade não coloca problema, e se, além disso, os axiomas foram escolhidos compatíveis com as verdades que estão sob nosso controle intuitivo, podemos jogar nosso jogo formal vivendo-o como o estudo teórico de um mundo ideal, sem riscos de inconsistência ou de absurdo. A "deontologia formalista" é aquela que prescreve essa atitude: após Hilbert, ela foi universalmente seguida.

uma quantidade considerável de pesquisadores no mundo, e particularmente de muitos filósofos convencidos de que o assunto dos fundamentos era assunto deles, e desejosos de compreender suas novas formulações. Tentaremos resumir alguns elementos essenciais de seu discurso sobre essas matérias, inspirando-nos antes de tudo em seu livro de 1929, *Lógica formal e lógica transcendental*.

Uma primeira contribuição de Husserl é sua distinção entre três "camadas" ou "estratos" da lógica. Husserl considera como aquilo que constitui o propósito e o objeto da lógica – desta vez tomada no sentido técnico – na ordem:

1) *A morfologia pura dos juízos*. Trata-se aqui do análogo exato, regionalizado para a lógica contemporânea, da morfologia pura das significações evocada há pouco. Husserl vê muito bem que o problema da linguagem, em um certo plano, é formal, e que é universalmente o mesmo. Antes de Chomsky[16], ele compreende que toda linguagem formal deriva de uma "prescrição morfológica" *a priori* que governa a reunião das frases. A linguagem natural tem o formalismo nela mesma como uma de suas potências, e é por isso que a constituição das significações complexas deve corresponder a uma morfologia pura das significações, a uma gramática formal do sentido. Da mesma maneira, a lógica contemporânea realiza-se antes de tudo como linguagem formal, portanto, as fórmulas sobre as quais ela versa devem poder ser reunidas segundo regras operatórias de concatenação, livremente disponíveis para uma reiteração que aprofunde o encaixe: Husserl

---

16. Chomsky, lingüista americano contemporâneo, é o inventor da noção de *gramática formal*, definida por um conjunto de regras de reescrita. Ele formulou a hipótese de que toda frase da língua natural projetava no plano expressivo uma *árvore* que é sua estrutura profunda, e vale como sua significação para além dos sistemas lingüísticos de tal ou tal povo ou de tal ou tal época. Cf. *Syntatic Structures*, Berlim/Nova Iorque, De Gruyter, 2002.

realça sem hesitação a importância das *operações* de reunião – do tipo daquela que, a partir de F e de G, permite compor F∧G – e da *autorização* de princípio para prosseguir a reunião recorrendo a essas operações tanto quanto se desejar, para repetir os gestos de composição por um número de vezes finito arbitrário. A primeira tarefa da lógica é, então, explicitar as gramáticas que governam a formação dos "juízos" pelos quais ela vai se interessar, precisando as leis do uso reiterado das operações.

2) *A lógica da conseqüência.* Em um segundo momento a lógica atém-se a dizer *a priori* se os juízos são compatíveis. Isso supõe que ela seja capaz de dizê-lo a partir daquilo de que ela dispõe como resultado da primeira frase, quer dizer, de juízos reunidos de maneira correta, segundo as boas formas. Os juízos da lógica, assim como a forma de reunião que eles são, foram fotografados pelo primeiro estrato, então incumbe à lógica, no segundo momento, decidir, apenas com a visão da arquitetura e da literalidade simbólica dos juízos – *vi formae*, como se tem o costume de dizê-lo –, se os juízos são compatíveis, se são contraditórios, se um está "logicamente implicado" no outro, etc. No caso do cálculo proposicional[17], a avaliação *a priori* das fórmulas como tautologias ou como não-tautologias parece cobrir o programa da *lógica da conseqüência*. O método de decisão mais próximo das descrições husserlianas sendo talvez, no caso, o método dos quadros semânticos[18], que permite refutar *a priori* o fato de que uma

---

17. *Cálculo proposicional* é o nome da parte da lógica onde nos ocupamos unicamente com proposições – segmentos de discurso suscetíveis de ter um valor de verdade – e com a maneira pela qual a verdade de uma proposição complexa se deduz da verdade de suas proposições constituintes. Uma *tautologia* é uma proposição complexa sempre verdadeira; uma *antilogia* é uma proposição complexa sempre falsa.

18. O método consiste em criar um quadro com duas colunas, onde a da esquerda acolhe as fórmulas verdadeiras e a da direita as fórmulas falsas. Inscrevemos a negação da fórmula P sobre a qual se trabalha no

fórmula possa ser falsa, que portanto avalia P como uma tautologia revelando *vi formae* o caráter contraditório de ¬P: de alguma maneira, ele efetua a análise de uma fórmula na perspectiva de sua coerência, da compatibilidade entre o que seus constituintes põem. O método dos quadros semânticos também pode ser aplicado às fórmulas da lógica de predicados, que mais provavelmente são o tipo dos "juízos" que Husserl tem em vista; ele somente cessa de ser sempre conclusivo. Certamente, esse método é orientado aos valores de verdade; ali o "contraditório" é manifestado pelo fato de que uma variável proposicional – ou uma fórmula atômica – deveria ser simultaneamente avaliada como verdadeira e como falsa, mas o caminho dessa revelação é estritamente formal e sintático, e consiste em uma análise da fórmula em seus constituintes e em uma judiciosa repartição formal destes: como conduz a um juízo de incompossibilidade[19], é tentador ilustrar por ele a *lógica da conseqüência*. O uso que faz da verdade é puramente formal, toda a meta da técnica avaliadora é conhecer a compatibilidade "antes" de toda verdade efetiva, ou seja lá o que possa ser uma tal verdade

3) *A lógica da verdade.* Este terceiro estrato se interessa pela verdade de uma maneira inteiramente diferente: não mais pela antecipação técnica da não-contradição, mas pela saturação positiva, intuitiva e objetiva dos juízos. A lógica da verdade coloca o problema das coisas e configurações de coisas suscetíveis de vir a ilustrar as intenções de significação que tem tal ou tal forma lógica. Ela alça o propósito da lógica até o nível epistemológico,

---

    alto à direita, portanto no falso. Aplicamos em seguida uma série de regras formais que exprimem as convenções de determinação da verdade, que podem levar a ramificar o quadro principal em subquadros. Se a fórmula de partida for uma tautologia, aparece uma contradição em cada subquadro.

19. Para falar como Leibniz.

permitindo-lhe ter acesso à sua verdadeira vocação. Com efeito, para Husserl, a lógica é, em sua maior autenticidade, a análise crítica imanente da ciência, os estratos 1 e 2 só foram resgatados e desenvolvidos para o bem da avaliação dos enunciados da ciência, a fim de afastar aqueles cuja feitura impedia que eles pudessem ter um conteúdo de conhecimento, e procurar no campo dos fenômenos os "preenchimentos" suscetíveis de atestar os outros. É evidentemente na articulação entre o grupo constituído pelos estratos 1 e 2 – que ele chama de *analítica apofântica*[20] *pura* –, por um lado, e o estrato 3, por outro, que se joga a passagem da lógica formal à *lógica transcendental*, se assim designamos a lógica preocupada com o "preenchimento" dos juízos. Com efeito, Husserl identifica o problema transcendental da lógica como o da compatibilidade de princípio da "analítica apofântica" com a lógica da verdade, compreendida em sua verdadeira dimensão. Mais exatamente, aos seus olhos a tarefa da fenomenologia transcendental é a de compreender como, por que, em que medida os preenchimentos são pré-desenhados em sua possibilidade nas formas de juízo iluminadas e controladas pela analítica apofântica. E o caminho para a realização desta tarefa é a exploração do fundo "subjetivo" sobre o qual repousam, ao mesmo tempo, as formações lógicas e os preenchimentos intuitivos.

A oposição entre o par de estratos 1 e 2 e o estrato 3 é esclarecida por Husserl de uma segunda maneira: para ele, a analítica apofântica identifica-se ainda à matemática

---

20. O adjetivo *apofântico* designa aqui o que diz respeito aos juízos, às asserções que aspiram à verdade. Além do mais, na tradição filosófica ele reenvia à estrutura predicativa dos juízos: à idéia de que refletiriam o real tal como este se mostra e, por conseguinte, a inerência das propriedades ao seu substrato. Para uma longa e bela reflexão em torno do tema apofântico, reportar-se à obra *Phénoménologie et langues formulaires*, de C. Imbert, Paris, PUF, 1992.

enquanto pura *doutrina formal dos sentidos*. Consignando a evolução hilbertiana, o aparecimento de uma matemática formal, Husserl a interpreta como uma ciência que trata, não de objetos propriamente falando, mas de "suportes de juízos" tomados como tais, ou seja, de *sentidos*, segundo a definição deste último conceito, que ele escolhe adotar. Para Husserl, um *sentido* é uma entidade intencionada enquanto tal: a maçã vermelha palhetada de amarelo, considerada estritamente enquanto eu a viso, não é uma maçã, mas um sentido de maçã. Se a matemática interessa-se por objetos ou configurações sem se preocupar com a existência destes, unicamente do ponto de vista do que se pode dizer deles, como efetivamente parece ser o caso no momento da matemática formal, então ela trata de *sentidos* e não de objetos ordinários. A matemática identifica-se então a este alicerce da lógica constituído pelos estratos 1 e 2, no qual não nos preocupamos ainda com o preenchimento possível das formas de juízo que consideramos. Assim compreendida, a matemática opõe-se à lógica no sentido pleno e completo, que integra a si a "preocupação com a verdade", a passagem ao plano ontológico e o problema de princípio do recobrimento entre discurso e evidência .

Para um olhar de epistemólogo contemporâneo essa oposição é surpreendente, ela distribui os protagonistas ao inverso do que ele esperaria: habituado a ver a lógica como a disciplina mais pura e mais fundacionista – até mesmo porque ela está mais próxima da *linguagem* –, ele considera mais facilmente a esta como a guardiã dos puros "sentidos" suspensos e a matemática como uma antecipação das configurações do *ente*, sempre tendencialmente *matemática da natureza*, física matemática e, portanto, relacionada ao problema metafísico da verdade.

Mas, visto que evocamos as avaliações médias da epistemologia contemporânea, vamos chegar à parte do propósito husserliano que mais se integra ao debate moderno da epistemologia – ou, se se preferir, da filosofia – das matemáticas. É aquela que diz respeito à noção de *multiplicidade formal*. Atento como Husserl o era à revolução hilbertiana da matemática formal, ele não deixou de perceber seu elemento mais saliente e mais novo: o da encenação axiomática das multiplicidades.

Refletindo sobre a diversificação da noção de geometria, que a seus olhos veio acolher ao mesmo tempo as variantes não euclidianas e as variantes de dimensão finita qualquer (que excedem a "quarta dimensão", bem conhecida pelo teléfilo), Husserl deu conta disso, no plano filosófico, descrevendo o face a face entre "forma de teoria" e "multiplicidade formal". Com efeito, ele julga que os "espaços" dessas geometrias insólitas não são coleções atuais de pontos, dados segundo um procedimento de manifestação qualquer suscetível de revelá-los um a um, eles são simplesmente multiplicidades de elementos que se supõe satisfazer globalmente a "estipulações de propriedades" consignadas em uma teoria. Mas, se os elementos dessas multiplicidades são assim "formais", reduzidos a puras posições engajadas em certas relações, as próprias estipulações de propriedades têm necessariamente um caráter formal aparentado: um juízo da "teoria geométrica" não pode ser um verdadeiro juízo que fala de retas, de pontos e de planos, mas apenas uma "forma de juízo" que fala de entidades suscetíveis de desempenhar os papéis da reta, do plano, do ponto. Os juízos do pólo teórico são, portanto, "formas de juízo", que dão lugar a "formas de demonstração", o conjunto arranjando-se em uma "forma de teoria".

Assim, Husserl deixou manifesto aquilo que é o próprio da matemática formal contemporânea: uma certa maneira de considerar *a priori*, de *antecipar* multiplicidades formais na ausência de qualquer intuitividade de detalhe, a título de que elas são, por assim dizer, "convocadas" por coleções de juízos organizados em teoria, eles mesmos privados de sua concreção-de-significação usual por um "ponto de vista" que os reconduz a puras formas. Além disso, este dispositivo proporciona à matemática o relativismo de princípio que lhe permite explorar o possível em toda a sua riqueza.

No ponto em que estamos, a variedade e a profundidade das contribuições husserlianas que dizem respeito à lógica pelo menos se tornaram claras. E nós nem mesmo passamos em revista tudo o que teria podido sê-lo: por exemplo, não evocamos o modo pelo qual a obra *Experiência e juízo* tenta definir um substrato *antepredicativo* – quer dizer, uma estrutura vivida de direito anterior a todo juízo predicativo – das formas e do agir lógico sem cair no psicologismo. Todavia, de seu lado, esse outro trabalho de Husserl pode ser considerado como uma incursão audaciosa e inspirada na problemática cognitiva da lógica: sua importância não poderia ser superestimada e seria simplesmente impossível fugir dela em uma monografia de maior amplitude.

Todavia, já nos estendemos o suficiente para justificar aquilo que foi dito de quando em quando: que o trabalho de Husserl sobre a lógica era um componente essencial de sua pesquisa, que por isso, em certa medida, a fenomenologia nunca deixava de passar pelo canal da lógica ou da reflexão sobre a lógica.

## 3. *Ética e lógica*

Mas é preciso falar um pouco mais, ou voltar a falar disso de uma maneira que torne as coisas mais claras: a palavra *lógica* transmite algo da normatividade última à qual Husserl dedica sua vida. E é por isso que não surpreende que o radicalismo do empreendimento fenomenológico por vezes possa se apresentar sob a face lógica:

é porque lógica e fenomenologia "respondem" à mesma exigência de alguma maneira "ética". Para Husserl, a fenomenologia é essencialmente a realização e a generalização de uma espécie de religião da qual a lógica seria a observância primitiva.

Assim, ocorre a Husserl dizer que a lógica é "a auto-explicitação da própria razão pura"[21], e que ela é o lugar onde se colhe a normatividade da ciência em geral, da racionalidade em geral. Dessa maneira, ele parece atribuir-lhe um estatuto absolutamente eminente, que em parte é também moral.

Todavia, importa compreender que, dizendo isso, conferindo uma tal posição suprema à lógica, Husserl não quer por isso separá-la da ciência, fazendo dela um corpo de prescrições, que não tardaria a degradar-se em técnica. Ele conserva claramente a noção daquilo que distingue *interesse teórico* – para o qual se trata de conhecer o objeto – e *interesse prático* – para o qual se trata "de ser útil em uma certa maneira a si ou a outrem".[22] E ele classifica a lógica do lado teórico: sua manifestação prescritiva é sempre secundária em relação à apreensão teórica daquilo que é "justo", "correto" ou "verdadeiro". A lógica é a disciplina que "vê" o princípio de contradição como ligado à essência da proposição e da negação, e a injunção de respeitá-lo no discurso é secundária e derivada.[23]

Mas, aos olhos de Husserl, a ruptura entre o registro prático – que é o registro do desejo e da moralidade na tradição kantiana à qual ele se filia – e o registro teórico não é absoluta. Por um lado, para explicar que a lógica é antes de tudo uma disciplina teórica e que seu valor

---

21. E. Husserl, *Logique formelle et logique transcendentale*, op. cit., p. 44.
22. Ibidem, p. 45.
23. Cf. E. Husserl, *Prolégomènes à la logique pure*, trad. franc. H. Elie, A. L. Kelkel e R. Schérer, Paris, PUF, 1959, § 16, p. 51-4.

técnico-prático de breviário ou de manual de instrução decorre disso, em geral Husserl reduz as proposições imperativas do tipo *Um guerreiro deve ser corajoso* a proposições teóricas subjacentes da espécie *Apenas um guerreiro corajoso é um* bom *guerreiro*, afirmando de alguma maneira, pelo emprego de predicados especiais como *bom*, que os medievais chamavam de *transcendentais*, a continuidade de princípio entre a doutrina do verdadeiro e aquela do justo ou do bem. Por outro lado, ele insiste no fato de que em última análise o conhecer também é uma prática, e "cai sob as regras formais da razão prática universal (sob os princípios éticos)".[24] Enfim, descreve como o comportamento deontológico do cientista, ao mesmo tempo no plano coletivo e no plano individual, se insere no esforço geral de perseguir os fins racionais e bons: tudo indica que o comportamento teórico – a atitude do *cientista* plenamente assumida – é para Husserl uma espécie de "modelo" privilegiado do comportamento humano, no qual a esperança ética antes se apóia do que denuncia sua particularidade.

As últimas formulações idealistas de Husserl, na conferência *A crise da humanidade européia e a filosofia*, exprimem bem essa concepção, que une a tensão ética e a tensão teórica para dar seu estatuto ao sujeito fenomenológico "final". Nessa conferência, com efeito, após ter apontado a origem do fato histórico chamado *Europa* na irrupção da filosofia na Grécia, ele descreve o *homo philosophicus* como um homem "à mercê do infinito", de uma maneira que implica ao mesmo tempo o interesse teórico e a atitude ética, e parece confederá-los:

> As palavras filosofia, ciência, designam uma classe especial de criações culturais. O movimento histórico que

---

24. E. Husserl, *Logique formelle et logique transcendentale*, op. cit., p. 46.

tem por estilo a forma supranacional que chamamos de Europa tem como pólo uma forma normativa situada no infinito, mas não uma forma que poderíamos discernir considerando apenas a evolução das formas sucessivas. Esta propriedade permanente de estar dirigido para uma norma está inscrita no próprio coração da vida intencional de pessoas isoladas; daí ela passa para as nações, em suas estruturas sociais particulares, e finalmente para o organismo que as nações constituem ligadas pela forma Europa. Sem dúvida, nem todas as pessoas estão dirigidas para esta norma: nas personalidades da elite ela não tem seu pleno desenvolvimento, mas está necessária e constantemente em expansão. Ao mesmo tempo, esse processo significa que a humanidade em seu conjunto é progressivamente reformada a partir de movimentos de idéias que adquiriram eficácia em círculos pequenos e até mesmo minúsculos. As idéias, as obras carregadas de sentido, criadas em pessoas isoladas, e que têm esta particularidade admirável e nova de conter alguma intenção infinita, diferem das coisas que existem no espaço em estado bruto. Quer o homem se importe com elas ou não, elas não o mudam. Pelo fato de que concebe idéias, o homem torna-se um novo homem: ele vive no finito, mas sua vida está dirigida para um pólo infinito. Para tornar tudo isso compreensível, basta remontar às origens históricas da humanidade européia, e discernir o novo tipo de historicidade que nela doravante se destaca sobre o fundo da história mundial.[25]

Vê-se a que ponto Husserl insiste na incidência *prática* da "intenção infinita": a orientação teórica para o

---

25. E. Husserl, *La Crise de l'humanité européene et la philosophie*, trad. franc. Paul Ricœur, Paris, Aubier, 1977, p. 38-9.

infinito é uma escolarização da humanidade que modifica sua vida e suas instituições. Aproximando-se do conceito tradicional do *bem ético*, Husserl também descreve a cooperação que se estabelece na humanidade sob o empreendimento desta subordinação teórica ao infinito, e com efeito ele parece descrevê-la como a realização da moralidade e da justiça: a diferença entre a colaboração teórica da humanidade e a invenção de uma sociabilidade ética parece nula.

Poderíamos dizer mais ou menos isto: a lógica é a auto-explicitação da razão – quer dizer, a fenomenologia –, mas, neste contexto, a razão é entendida como o espírito destinado ao infinito, de tal forma que lógica e fenomenologia coincidem em uma figura que também realiza a ética. Originariamente, a humanidade histórica encontrou o infinito sob a face da idealidade matemática, é o que nos ensinam a conferência *A crise da humanidade européia e a filosofia* e o texto *A origem da geometria*, ressaltando o gesto inaugural grego. De alguma maneira ela o redescobre nos *Prolegômenos à lógica pura* de Husserl, quando este afirma vigorosamente que a lógica é normativa enquanto ciência de idealidades, e a este título não psicologizável ou sociologizável. A recuperação da herança dessa relação com o infinito pela humanidade, que, aos olhos de Husserl, ela corre grande perigo de perder, passa, segundo ele – segundo seu discurso maduro –, pelo imenso esforço de auto-explicitação que é a fenomenologia. Todavia, esta não cessa nunca de estar indexada ao infinito lógico-matemático, de persegui-lo como tema, de respeitá-lo como método recusando todas as suas reduções particularistas, e de vivê-lo como norma que encarna uma certa idéia da ética.

# 4
# Posteridades husserlianas

Seja como vontade de apropriar-se do fluxo dos vividos pela descrição ou pela reflexão, como empreendimento da restituição intencional de todas as coisas ou do mundo, ou como desdobramento ilimitado da essência filosófica e normativa da lógica, a fenomenologia husserliana parece certamente algo de considerável e impressionante, mas que já tem sua plenitude; talvez aberto a adições, correções ou extensões, mas no interior de um quadro fixado. Assim, tem cabimento perguntar-se como foi possível até aqui retomar a filosofia husserliana. Nesta conclusão, gostaríamos de tentar explicar rapidamente de qual maneira esta filosofia, que ninguém, ao que parece, desejou repetir no curso do século XX, que aparentemente suscitou mais críticas que se querem radicais e mais gestos de ruptura que de celebração, provavelmente em razão de seu aspecto monolítico, de fato não deixou de ter grande influência, e continua a tê-la para aqueles que a freqüentam e freqüentaram.

## 1. *Posteridade heideggeriana*

Para começar, então, Husserl foi retomado em uma família de investigações filosóficas sob uma figura que temos vontade de chamar de heideggeriana. Essa família, tal como nós a vemos, é extremamente ampla, ela suscitou trabalhos múltiplos e notáveis sobre Husserl, na França e em outros países. Dispomos aí autores, como Sartre, Merleau-Ponty e em certo sentido Lévinas, de uma primeira geração quase contemporânea de Heidegger, que leram Husserl em parte "como" Heidegger mais do que segundo ele mesmo. Também dispomos aí – um pouco mais próximos de nosso presente – os numerosos especialistas em Heidegger, dos quais cada nova geração fornece um novo contingente, e que freqüentemente voltam a interrogar Husserl em um momento ou outro de seus trabalhos. Entre eles percebemos Derrida e sua escola. Mas também Paul Ricœur, cuja perspectiva é particular em muitos aspectos, marcada pela hermenêutica, quer dizer, a parte heideggeriana da fenomenologia, em princípio a mais estranha a Husserl. Mas igualmente Jean-Toussaint Desanti, que pelo menos na origem repensou a fenomenologia no interesse do objeto matemático e de sua idealidade[1] (e em relação ao qual, a exemplo de muitos outros, nós nos sentimos em dívida). Assim, esta família não é "ideologicamente" heideggeriana, ela pode até mesmo comportar autores cuja relação com o mestre de Friburgo é muito limitada; o que aos nossos olhos é heideggeriano é apenas a posteridade que ela dá a Husserl.

O que a nosso ver caracteriza a "retomada" do husserlianismo em questão é a ênfase exclusiva no tema da intencionalidade. Em primeiro lugar, não levando em consideração o enraizamento da fenomenologia no fluxo heraclitiano dos vividos, que de direito pesa sobre toda a análise e em Husserl torna de uma vez por todas problemática

---

1. Cf. J.-T. Desanti, *Les Idéalités mathématiques*, Paris, Le Seuil, 1969; *Introduction à la phénoménologie*, Paris, Gallimard, 1976 e *Réflexions sur le temps. Variations philosophiques I*, conversações com D. A. Grisoni, Paris, Grasset, 1992.

qualquer configuração de ser ou de significação, também não dando o melhor de sua atenção para a relação com a idealidade antes de tudo lógica que amarra o propósito husserliano a uma espécie de platonismo ético, a leitura heideggeriana que estamos muito abusivamente prestes a estilizar e, portanto, a caricaturar, só retém o princípio intencional e seu funcionamento nisto que chamamos de restituição intencional.

Ela analisa a idéia de intencionalidade como a idéia de uma relação que dá todas as coisas e que deve portanto, de direito, preceder o mundo assim como o sujeito, abri-los um e o outro e um ao outro. Isso leva a uma radicalização e a um aprofundamento do pensamento da intencionalidade que se consumam uma primeira vez e exemplarmente em Heidegger, no pensamento do *Dasein* e sua transcendência, mas que em seguida é mil vezes retomado, na intenção de ir mais longe na fundação e na descrição paradoxais da intencionalidade, na esperança de obter a formulação mais pura deste paradoxo da relação primeira. Freqüentemente, mas de maneira não sistemática e na verdade variável, o esforço para purificar o conceito de intencionalidade sugere uma dupla crítica à sua versão husserliana: por um lado, o fundador da fenomenologia não teria compreendido a importância da linguagem, da sociedade, da história, de outrem, da alteridade em geral no estabelecimento da relação intencional; por outro, ele teria, ao inverso, aumentado a função do sujeito e teria muito obsessivamente reconduzido essa relação à sua fonte egológica.

É sem dúvida a obra de Jacques Derrida que ilustra o mais significativamente este procedimento, que talvez formule com a maior amplitude e a maior coerência todas as conseqüências dessa elaboração heideggeriana da intencionalidade. Nele, a fenomenologia husserliana torna-se pensamento do caráter primitivo de uma diferenciação nem espacial nem temporal, de uma diferenciação sem dúvida não ontológica, mas em nome da qual pode ser conduzido um empreendimento que é como a imagem invertida da restituição intencional, e que se chama *desconstrução*: esta, como nós a compreendemos, consiste em reconduzir toda manifestação do espírito – sempre já inscrita como texto – a essa diferenciação indizível, sempre mais significada que qualquer objeto ou qualquer conceito. Além disso, convém observar que Derrida simplesmente constituiu textualmente em seu tipo a leitura da qual falamos, com seu *A voz e o fenômeno*[2], de 1962: propriamente falando, Heidegger não tinha edificado, articulado, uma leitura de Husserl.[3]

## 2. Posteridade analítica

Uma segunda continuação da fenomenologia husserliana é a *analítica*. Ela retoma a reforma filosófica da lógica realizada também por Husserl, e da qual falava nosso terceiro capítulo. Geralmente esta não é uma continuação que se apresente e se conheça como tal: a filosofia analítica se de-clara, na média e em geral, herdeira de Frege e de Russell – e talvez retificada e relançada em sua orientação primeira pelo longo desvio crítico de Wittgenstein; em compensação, normalmente ela não vê em Husserl seu precursor. Todavia, a filiação de uma parte da energia analítica ao "precedente husserliano" opera-se de três maneiras pelo menos:

1) Com o passar do tempo, o número de empreendimentos analíticos não cessando de aumentar, e sua

---

2. J. Derrida, *La Voix et le phénomène*, Paris, PUF, 1967 (col. Épiméthée).
3. No breve quadro pincelado nesta seção, inspiramo-nos livremente na muito instrutiva tese de F. D. Sebbah, *De l'intentionnalité vers l'épreuve de la subjectivité: aux limites de la phénoménologie française contemporaine*, Paris I, 1998.

variedade de se manifestar, as gerações de pontos de vista se sucedendo no interior do paradigma, a corrente analítica começa naturalmente a interessar-se por sua história, assim como pela consideração que dela se faz sob o regime continental. Disso resulta que Husserl aparece, torna-se visível na configuração de origem global que deu nascimento à filosofia analítica. Desse modo, Dummet, em uma série de conferências publicadas em várias línguas, considera esse nascimento essencialmente através de um confronto entre Husserl e Frege.[4] Assim, Descombes ou Engel, colocando-se hoje em dia, de maneira renovada, problemas centrais ligados à filosofia cognitiva, como aqueles do psicologismo, da intencionalidade ou da significação, implicam Husserl em suas reflexões.[5]

2) Em razão das exigências da reflexão filosófica sobre as pesquisas cognitivas, das quais já se fez menção, certos autores de formação analítica são levados a propor uma leitura do pensamento de Husserl, leitura que, essencialmente, acomoda a mensagem husserliana ao contexto terminológico e conceitual da "filosofia da mente". A interpretação, por D. Follesdal e R. McIntyre, do noema husserliano como uma figura do *Sinn* fregeano[6] parece-nos ilustrar exemplarmente este movimento. Podemos prever que a filosofia analítica se engajará cada vez mais na interpretação recorrente das obras vivas da filosofia e que Husserl, em razão de sua proximidade e de sua

---

4. Cf. M. Dummet, *Les Origines de la philosophie analytique*, trad. franc. M.-A. Lescourret, Paris, Gallimard, 1991.
5. Cf. V. Descombes, *Les Institutions du sens*, Paris, Minuit, 1996; P. Engel, *Philosophie et psychologie*, Paris, Folio, 1996.
6. Cf. H. Dreyfus (ed.), *Husserl, Intentionality and Cognitive Science*, Cambridge, Massachusetts, The MIT Press, 1982; D. W. Smith e R. McIntyre, *Husserl and Intentionality: A Study of Mind, Meaning and Language*, Dordrecht, Reidel, 1982.

pertinência para as questões suscitadas pelo *mind turn*, testemunhará na primeira fileira.

3) Mais simplesmente, há do mesmo modo um grupo de filósofos que trabalham no estilo *analítico* que desenvolveu uma filosofia pós-husserliana a partir do final dos anos 1970: o seminário de filosofia austro-alemã. Seus membros (K. Mulligan, B. Smith e P. Simons, para citar os principais, pelo menos aqueles da equipe originária) quiseram reassumir o projeto de investigação multidirecional das *Investigações lógicas*, compreendendo-o como um projeto *ontológico* e perseguindo-o no modo lógico-lingüístico. A diferença frente ao *main stream* da filosofia analítica é que a semântica lógica tarskiana[7] é substituída pela mereologia como instrumento de referência: o "método" de análise é derivado da terceira investigação lógica de Husserl antes que do *Begriffschrift* de Frege[8], e os principais conceitos descritivos dessa filosofia analítica muito particular são os conceitos de *momento* e de *fragmento*, expostos aqui no capítulo 3. Para a exploração analítica destes, tenta-se além disso propor uma simbolização por diagramas, de um outro gênero que a simbolização formular padrão da lógica dos predicados.[9] Deve-se notar que a filosofia analítica do seminário de filosofia austro-alemã, enxertando-se sobre Husserl e suas *Investigações lógicas*, especialmente a

---

7. A *semântica lógica* é a moderna teoria da verdade que a compreende em termos de uma denotação conjuntista atribuída às frases. Geralmente fazemos seu nascimento coincidir com a publicação, em 1936, do artigo "O conceito de verdade nas linguagens formais", de Tarski (*Studia Philosophica*, vol. I, p. 261-405; trad. franc. G. Granger (ed.), *Logique, sémantique et méta mathématique*, Paris, Armand Colin, 1972, p. 57-269).
8. Tal é, lembremo-lo, o título da obra célebre onde Frege propõe pela primeira vez um cálculo aparentado à atual lógica dos predicados de primeira ordem.
9. Cf. B. Smith e K. Mulligan, "Pieces of a Theory", em *Parts and Moments*, op. cit., p. 15-91.

terceira, "reencontra" uma outra referência amplamente pré-fregeana na pessoa de Aristóteles.[10] Ela tolera assim um grau não negligenciável de hibridismo em seu *corpus* e embaralha parcialmente a fronteira entre o campo analítico e o campo continental: tal é uma situação da posteridade de Husserl; ele é por excelência um autor suscetível de auxiliar-nos a conjurar a mútua desfiguração crispada e política da filosofia analítica e da filosofia continental.[11]

## 3. Posteridade cognitiva

Um dos contextos da filosofia contemporânea – mesmo se alguns duvidam que no final das contas ele seja apropriado para valer como tal – é aquele do desenvolvimento das pesquisas cognitivas[12], e do apelo que estas fizeram à filosofia, pedindo-lhe para colaborar, enquanto competência particular, no estudo e na visada de simulação da mente e de sua inteligência. Particularmente,

---

10. Cf. particularmente P. Simons, *Parts*, Oxford, Clarendon Press, 1987, p. 364.
11. A filosofia analítica é a filosofia fundada na análise lógica e lingüística dos conteúdos conceituais, que se desenvolveu na seqüência dos trabalhos de Frege e de Russell, primeiramente na área anglo-saxã, mas, depois, no mundo inteiro. A filosofia continental é a filosofia que se inspira antes na tradição transcendental, idealista e fenomenológica: ela nasceu na Alemanha, mas parece que em parte alguma a cultivam com tanto fervor quanto na França de nossos dias. Tal como a formulamos aqui, essa distinção é mais incerta do que parece; particularmente, os dois campos podem reivindicar, de maneira mais ou menos plausível segundo o caso, os autores europeus anteriores a Kant, dos pré-socráticos a Leibniz e Hume.
12. Seguindo François Rastier (cf. *Sémantique e recherches cognitives*, Paris, PUF, 1991), chamamos de *pesquisas cognitivas* o vasto movimento de estudo científico do funcionamento da inteligência que se organizou mais ou menos há quarenta anos, em ligação com o projeto de *simulação informática* da inteligência, geralmente conhecido pelo nome de projeto da *inteligência artificial*. As pesquisas cognitivas reúnem em torno de seu tema toda uma galáxia de disciplinas (essencialmente a psicologia, a lingüística, a lógica matemática, as neurociências e a filosofia).

como foi dito há pouco, este pedido levou a filosofia analítica a produzir um rebento de si mesma especialmente dedicado à cuidadosa formulação de um "modelo do funcionamento da mente": é isso que usualmente é chamado de *philosophy of mind*, da qual os grandes nomes seriam Dennen, Fodor, Putnam, Davidson, Searle e alguns outros.

Essa transposição do quadro de pensamento analítico para o problema da mente comporta uma dificuldade de princípio: na origem, parece certo que a filosofia analítica constituiu-se, entre outras coisas, pela recusa de levar em conta a performance subjetiva, representativa, emotiva, etc. do pensamento, para atribuir interesse apenas ao traço de linguagem no qual residia todo o sentido discutível, que em particular comandava tudo o que diz respeito à verdade. Assim, podemos interpretar o curto e fundamental artigo "Sinn und Bedeutung", de Frege[13], como tendo decretado e tornado esta opção incontornável.

Mas as pesquisas cognitivas, por seu lado, não estão, ao contrário, prioritariamente interessadas por aquilo que na atividade intelectual é *comportamento*, ou seja, eminentemente pelo que se passa na "caixa preta" mental em cuja direção chegam frases ou sensações, e da qual, por meio do comando motor, emanam movimentos ou outras frases? E se as pesquisas cognitivas, convidando a filosofia para seus trabalhos, parecem exigir desta um *mind turn* que corrija seu *linguistic turn*, por que não convocar o autor cuja mensagem parece por antecipação a

---

13. Nesse artigo, Frege define o sentido como aquilo que contém o *modo de doação* do denotado: *estrela da tarde* e *estrela da manhã* nomeiam o mesmo Vênus com dois sentidos diferentes. O sentido, pelo menos em um sistema de signos perfeito, deveria identificar-se a uma expressão lingüística, e é bem explicado que nós podemos conservar, em cima de um sentido, *representações* subjetivas variáveis e não pertinentes; cf. "Sens et dénotation", em G. Frege, *Écrits logiques et philosophiques*, trad. e intr. C. Imbert, Paris, Le Seuil, 1971, p. 102-26.

mais bem adaptada para a consideração da caixa preta do pensamento, quer dizer, Husserl? Na seção precedente, já dissemos algumas palavras sobre a maneira pela qual, sensível a este contexto, a filosofia analítica podia ser levada a uma releitura de Husserl. Gostaríamos de prolongar agora essas observações, evocando brevemente qual uso das teses e dos temas husserlianos pôde ser ousado em vista de uma investida "cognitiva".

Em sua célebre obra *Inteligência artificial, mitos e limites*[14] e em vários artigos e obras coletivas, Hubert Dreyfus mobilizou a fenomenologia em seu conjunto para uso do debate das ciências cognitivas. Certamente, esse ato filosófico o conduz a revisitar Husserl, mas ele encontra neste sobretudo o predecessor do computacionalismo[15], transpondo assim para o campo "cognitivo" – para agravá-la – a leitura de Follesdal e McIntyre evocada há pouco: segundo a compreensão que ele tem de Husserl, os diferentes noemas através dos quais temos relação com o mundo e faculdade de nele navegar seriam "estruturas formais complexas", organizando-se em um sistema lógico-gramatical, de forma que as descrições husserlianas teriam visado a algo de análogo às gigantescas bases de dados em torno das quais os projetos de inteligência artificial tentam desenvolver seus logiciais. Husserl sempre teria negligenciado a incidência do contexto, assim como o computacionalismo, e a semelhança entre a noção de *frame*, introduzida[16] por

---

14. Cf. H. Dreyfus, *Intelligence artificielle, mythes et limites*, Paris, Flammarion, 1984.
15. O computacionalismo é a tendência das pesquisas cognitivas, até aqui dominante, que dá crédito à analogia da mente com um computador e a considera como uma boa metáfora diretora para os trabalhos em curso.
16. Cf. M. Minsky, "A Framework for Representing Knowledge", em *Frame Conceptions and Text Understanding*, D. Metzing (ed.), Berlim/Nova Iorque, de Gruyter, 1979, p. 1-25.

M. Minsky em 1973, e o noema husserliano considerado em seu poder de antecipação, aos olhos de Dreyfus confirma a convergência.[17]

Em uma ordem de idéias vizinha, a leitura de Husserl e a tentativa de prolongar seu empreendimento, que são aquelas do seminário de filosofia austro-alemã, naturalmente também concernem ao campo cognitivo. Desde sua obra inicial *Parts and Moments*, Mulligan, Smith e Simons explicavam que se poderia desdobrar uma ontologia formal diagramática[18] articulando as entidades segundo as relações de fundação, distinguindo os fragmentos e os momentos, e assim dar a razão de numerosos domínios de realidade: os conceitos de base do direito e da moral[19], bem como, por exemplo, a noção geométrica, geográfica e de senso comum de *fronteira*, segundo eles deviam e podiam ser analisados com tais instrumentos. No momento cognitivo, descobrimos que tais ontologias formais são justamente aquilo de que as máquinas precisam para "compreender": elas inscrevem, em um formato compatível com o caráter lógico da informática, o famoso pré-saber (*background knowledge,* em língua analítica) sobre o qual se apóia permanentemente o trabalho do intelecto humano. Na medida em que a idéia de uma tal ontologia diagramática é considerada como extraída de Husserl,

---

17. Cf. também, para tudo o que está neste parágrafo, o artigo de H. Dreyfus "Husserl et las sciences cognitives", *Les Études Philosophiques,* nº 1/1991, p. 1-29.

18. Já nos referimos várias vezes a "Pieces of a Theory", primeiro artigo da obra *Parts and Moments*, onde K. Mulligan e B. Smith explicam a importância, para uma descrição de nosso mundo humano, das relações de *dependência* unilateral e bilateral entre entidades, e indicam a possibilidade de apresentar essas relações por meio de *diagramas,* através de algumas convenções simples.

19. Cf. K. Mulligan, "Promising and Other Social Acts: Their Constituents and Structure", em *Speech Act and Sachverhalt,* Kevin Mulligan (ed.), Dordrecht/Boston/Lancaster, Martinus Nijhoff, 1985.

o grupo propõe então uma posteridade técnica e cognitiva da obra husserliana.

Mas essa exploração de Husserl tem o defeito de não colocar em jogo o fluxo heraclitiano dos vividos, de esquecê-lo tanto quanto a leitura heideggeriana. Todavia, se verdadeiramente se trata de elaborar um modelo científico do pensamento humano, o que seria mais bem adaptado, mais propício do que uma teoria que reporta nossos conteúdos de pensamento à "distribuição" destes em ativações elementares-evanescentes de sítios do espaço próprio, interno do pensamento? Visto que, afinal, a descrição do fluxo por Husserl é em certos aspectos aquilo que sua filosofia tem de mais plausível, aquilo pelo qual ela se liga à experiência da maneira a mais convincente, por que não tentar uma tradução científica dessa descrição que a transponha em instrumento de determinação cognitiva objetiva da espiritualidade?

Foi este o caminho seguido por Jean Petitot, que propõe, há longos anos[20], uma elaboração de modelo do nível psicológico[21] da atividade espiritual em termos de sistemas dinâmicos, de trajetória e de atrativos, inspirada pelas grandes idéias da teoria das catástrofes de René Thom. Pelo próprio fato de que o instrumento de elaboração do modelo é tomado de empréstimo à teoria dos sistemas dinâmicos, mais amplamente à geometria diferencial, todas as situações e acontecimentos da *psyché* são traduzidos por meio de objetos matemáticos que dizem respeito à *análise real*, de tal forma que a elaboração do modelo "respeita" a intuição husserliana do fluxo contínuo dos vividos. Esse ponto de vista sobre o

---

20. Cf. J. Petitot, *Physique du sens*, Paris, Éditions du CNRS, 1992; e J. Petitot, "Phénoménologie naturalisée et morphodynamique: la fonction cognitive du synthétique *a priori*", em *Intellectica* nº 17, *Philosophies et sciences cognitives*, J.-M. Salanskis (ed.), Paris, 1993, p. 79-126.
21. Destinada a ser substituída no nível fisiológico.

funcionamento mental, na origem extremamente minoritário em razão do domínio do paradigma computacional, que identifica o pensamento ao seu exercício calculador-inferencial, hoje em dia tem potente crédito pela aparição do paradigma conexionista, que, sem o dizer, retoma os princípios de René Thom, dando a estes uma versão finita e informaticamente implantável: se é preciso conceber a mente como um "espaço interno" afetado por uma dinâmica que excita cada ponto ao movimento, e se é preciso compreender o conceber do espírito como a seleção de um atrativo dessa dinâmica, a cada vez para uma duração pertinente, então no plano psicológico será melhor apoiar-se em algo como o fluxo dos vividos, antes que se fiar na analogia do computador, segundo a qual o pensamento só pode ser o tratamento, ao longo das datas de um tempo discreto, de um estoque articulado de representações também discretas. De fato, Jean Petitot se dedica a mostrar que as "análises do vivido" de Husserl por vezes correspondem ponto por ponto às elaborações de modelos que ele defende.

## 4. Posteridade levinasiana?

Parece-nos que também se pode falar em uma posteridade levinasiana de Husserl. Por um lado, esta posteridade seria ilustrada pelo pensamento e pela obra do próprio Emmanuel Lévinas, o que já não é absolutamente fácil de se fazer entender. Certamente, Lévinas faz parte daqueles que leram e comentaram Husserl, e que fizeram a fenomenologia ser conhecida na França. Certamente, ele mesmo diz que algumas de suas proposições filosóficas têm elos com Husserl, mais freqüentemente no modo, que lhe é tão próprio, de uma ilustração negativa, para situar o que ele diz em relação a um discurso diferente, posto em relevo como diferente, e não no modo da reivindicação de uma continuidade, sem fazer valer uma filiação ou mesmo uma orientação partilhada. No conjunto, aliás, e como aqui mesmo parecíamos subscrever há pouco, percebemos Lévinas antes como pós-heideggeriano do que como pós-husserliano. A leitura derridiana de Lévinas contribui para isso: ela insiste no que há de comum entre Heidegger, Lévinas e o próprio Derrida, e que seria um pensamento do Outro e de sua prioridade. Sem verdadeiramente querer defender aqui uma reavaliação que se possa crer para todos os aspectos necessários, gostaríamos todavia de indicar brevemente as duas maneiras pelas quais consideramos uma profunda continuidade husserliano-levinasiana, que em nosso espírito contaria mais do que essa aproximação conhecida.

1) *Outrem* é o verdadeiro conceito central da filosofia de Emmanuel Lévinas, conceito que em muitos aspectos transgride e inverte o prestígio lógico-ontológico da figura do grande Outro. A "fenomenologia de outrem" de Husserl, cujas grandes linhas foram relembradas no segundo capítulo, naquilo que ela tem de sutil e difícil, mas também no que ela tem de misterioso e de implícito, de fato prepara a renovação e o deslocamento profundo que Lévinas faz a fenomenologia sofrer, pedindo-lhe para compreender a especificidade do elemento ético. O "sujeito ateu", absolutamente autônomo e satisfeito, que se fecha sobre si mesmo e *vive de* tudo o que lhe diz respeito, segundo a compulsão do inter-*essa*-mento, que Lévinas põe em cena como o destinatário da *perseguição ética*, e nos apresenta como transfigurado pelo encontro com o outrem miserável e particular – encontro que é movimento em direção a toda demanda –, não é em parte alguma mais bem "construído" do que na quinta meditação cartesiana de Husserl: tudo se passa como se Husserl tivesse armado o pano de fundo para o discurso de Lévinas, atribuindo ao *ego* todo o egoísmo e o

"mundismo"[22] do qual se precisa para que a irrupção ética sobressaia como deve. Além do mais, de alguma maneira sem o saber, Husserl adivinha ou pressente o tema levinasiano em sua descrição da *intropatia*: ele também nos diz que a fenomenalidade corporal está sempre imediatamente invertida e extravasada pela unidade expressiva *outrem*, espontaneamente ele considera outrem como vontade, se não como comando.[23] A despeito da "cegueira" husserliana que resulta de sua orientação de conjunto, por vezes não o sentimos tão longe de evocar o *próximo*.

2) Por outro lado, acreditamos que é preciso ir além de uma aparente incompatibilidade formal entre a perspectiva de Lévinas e a de Husserl. Com efeito, como se insistia no terceiro capítulo, parece que Husserl apresenta uma identidade do teórico e do ético, que ele concebe a subordinação da humanidade ao infinito na ciência como congruente com o devir ético desta, enquanto Lévinas, muito ao contrário, ensina a incomensurabilidade radical do ético e do teórico – se é verdade que, para ele, o ético estilhaça o inter-*essa*-mento generalizado e inaugura o *de outro modo que ser*, enquanto o teórico é inteiramente devoção em relação àquilo que é. Com efeito, a despeito desse afastamento, que o próprio Lévinas explicita, e que motivou, ao que parece, seu recurso a Heidegger, em quem ele encontrava justamente a evasão em relação ao teórico[24], de uma outra maneira Lévinas e Husserl estão "idealisticamente" de acordo sobre a convergência entre ciência e moral. Em Lévinas não encontraremos, em parte alguma, a menor condenação ou colocação em

---

22. O interesse pelo *mundo* e o benefício a extrair deste, antes que pelo *próximo*.
23. Cf. E. Husserl, *Ideen II*, op. cit., p. 323.
24. Como também o supõe Georges Hansel, cf. *Explorations talmudiques*, Paris, Éditions Odile Jacob, p. 13.

perspectiva negativa da ciência. E, mais essencialmente, ele adianta a idéia extraordinária e inovadora de que a ordem do discurso e da significação deve tudo à "relação ética", à passibilidade, a disponibilidade do eu para com outrem: a exigibilidade do "eis-me aqui", que brota do face a face com o rosto, constitui o abismo, a separação fundamental *Eu-Tu*, ela dá seu sentido a todo ato de linguagem e suscita, elevada à terceira potência e posta à sua provação, a idéia da justiça e da comensuração dos *ditos*, ou seja, no final das contas, a ordem lógico-lingüística em seu conjunto. Donde a tentação de pensar, seguindo Lévinas, que toda distinção das unidades constituintes do jogo semântico encontra no abismo da relação ética sua motivação e seu protótipo. A exatidão intelectual, a observância das leis conceituais seriam indexadas então ao infinito ético. Finalmente, temos o sentimento de que Lévinas narra a mesma congruência que Husserl, mas na outra direção, conferindo o papel diretor, o papel daquilo que dá a medida ou a impulsão, à relação com o infinito segundo a ética antes que à relação com o infinito segundo o teórico.

Não diremos mais nada sobre essa visão de uma continuidade entre Lévinas e Husserl. Ela também é o pressentimento de uma filosofia futura, a se escrever, que sistematize, explicite e clarifique aquilo que pode e deve ser uma posteridade levinasiana da filosofia de Husserl.

# Bibliografia

*Obras de Husserl citadas*

*Philosophie de l'arithmétique. Recherhes psychologiques et logiques* [Philosophie der Arithmetik. Psychologische und logische Untersuchungen] (1891). Trad. franc. J. English. Paris: PUF, 1972.

*Recherches logiques. Tomo 1: Prolégomènes à la logique pure* [Logische Untersuchungen. Erste Teil: Prolegomena zur reinen Logik] (1900). Trad. franc. H. Elie, A. L. Kelkel e R. Schérer. Paris: PUF, 1959.

*Recherches logiques. Tomo 2: Recherches pour la phénoménologie et la théorie de la connaissance* [Logische Untersuchungen. Zweiter Teil: Untersuchungen zur Phänomenologie und Theorie der Erkenntnis] (1901). Trad. franc. H. Elie, A. L. Kelkel e R. Schérer. Paris: PUF, 1961.

*Recherches logiques. Tomo 3: Éléments d'une élucidation phénoménologique de la connaissance* [Logische Untersuchungen. Ergänzungsband. Zweiter Teil. Texte für die Neufassung der VI. Untersuchung: Zur Phänomenologie des Ausdrucks und der Erkenntnis] (1901).Trad. franc. H. Elie, A. L. Kelkel e R. Schérer. Paris: PUF, 1963.

*Leçons pour une phénoménologie de la conscience intime du temps* [Vorlesungen zur Phänomenologie des inneren Zeitbewustseins] (1905). Trad. franc. H. Dussort. Paris: PUF, 1964.

*Idées directrices pour une phénoménologie pure et une philosophie phénoménologique, 1: Introduction générale à la phénoménologie pure.* [Ideen zu einer reinen Phänomenologie und phänomenologischen Philosophie, 1: Allgemeine Einführung in die reine Phänomenologie] (1913). Trad. franc. P. Ricœur. Paris: Gallimard, 1950.

*Idées directrices pour une phénoménologie pure et une philosophie phénoménologique, 2: Recherches phénoménologiques pour la constitution* [Ideen zu einer reinen Phänomenologie und phänomenologischen Philosophie, 2: Phänomenologische Untersuchungen zur Konstitution], (1913). Trad. franc. E. Escoubas. Paris: PUF, 1982.

*Logique formelle et logique transcendantale. Essai d'une critique de la raison logique* [Formale und transzendentale Logik. Versuch einer Kritik der logischen Vernunft] (1929). Trad. franc. S. Bachelard. Paris: PUF, 1957.

*Méditations cartésiennes et les conférences de Paris* (1929) [*Cartesianische Meditationen und Pariser Vorträge*]. Trad. franc. G. Peiffer e E. Lévinas. Paris: Vrin, 1969.

*La Crise de l'humanité européenne et la philosophie* [*Die Philosophie in der Krise der europäischen Menschheit*] (1935). Trad. franc. P. Ricœur. Paris: Aubier, 1977.

*La Crise des sciences européennes et la phénoménologie transcendantale* [Die Krisis der europäischen Wissenschaften und die transzentale Phänomenologie: Eine Einleitung in die phänomenologische Philosophie] (1935-36). Trad. franc. G. Granel. Paris: PUF, 1962

*L'Origine de la géometrie* [Die Frage nach dem Ursprung der Geometrie als intentional-historisches Problem] (1936). Trad. franc. J. Derrida. Paris: PUF, 1962.

*Expérience et jugement: Recherches en vue d'une généalogie de la logique* [Erfahrung und Urteil: Untersuchungen zur Genealogie der Logik] (1954). Trad. franc. D. Souches-Dagues. Paris: PUF, 1970.

## Algumas obras que tratam de Husserl

DASTUR, F. *Husserl*: des mathématiques à l'histoire. Paris: PUF, 1995.
DERRIDA, J. *La Voix et le phénomène.* Paris: PUF, 1967.
DESANTI, J.-T. *Introduction à la phénoménologie.* Paris: Gallimard, 1976.
GRANEL, G. *Le Sens du temps et de la perception chez E. Husserl.* Paris: Gallimard, 1969. (Col. Idées)
LYOTARD, J.-F. *La phénoménologie.* Paris: PUF, 1954. (Col. Que sais-je?)

ESTE LIVRO FOI COMPOSTO EM SABON
CORPO 10,7 POR 13,5 E IMPRESSO SOBRE
PAPEL OFF-SET 90 g/m² NAS OFICINAS DA
BARTIRA GRÁFICA, SÃO BERNARDO DO
CAMPO-SP, EM MARÇO DE 2006